Verbrechen und Vergehen gegen die persönliche Freiheit, Ehrverletzung und Verletzung fremder Geheimnisse

im Vorentwurf zu einem Deutschen Strafgesetzbuch.

Von

Dr. E. Kronecker,

Geheimer Justizrat, Kammergerichtsrat in Berlin.

Sonderabdruck aus: Die Reform des Reichsstrafgesetzbuchs
herausgegeben von **Dr. P. F. Aschrott** u. **Dr. Franz v. Liszt.**

Berlin 1910.

J. Guttentag, Verlagsbuchhandlung,

G. m. b. H.

§ 1.

Verbrechen und Vergehen gegen die persönliche Freiheit[1].

I. Sklavenraub (§ 234 StGB. und *DVE.*).

A. Dieser Paragraph, welcher die deutsche Rechtsprechung noch nicht beschäftigt hat, ist entsprechend den Vorschlägen von Rosenfeld (S. 496f.), Wach (*Vergl. Darst. Allg. T. VI. 26, 59*) und Lindenberg in mehreren Punkten anders formuliert als bisher.

1. Der Tatbestand wird mit Recht auf die Vollendung, nicht auf den Versuch abgestellt; das Bringen in Sklaverei oder einen ähnlichen Zustand bildet das entscheidende Moment, während das „Sichbemächtigen" als Versuch erscheint.

2. Die Aufzählung der Mittel „List, Drohung oder Gewalt" ist entsprechend dem Bestreben des *DVE.*, unnötige Kasuistik zu vermeiden, abweichend von § 318 des (überhaupt mehr in Einzelheiten eingehenden) *OVE.* weggelassen. Auch dies verdient Billigung.

3. Neben der Sklaverei ist nur noch ein „ähnlicher Zustand der Unfreiheit" genannt, während das StGB. noch von „Leibeigenschaft" und „auswärtigen Kriegs- und Schiffsdiensten" spricht. Die Begr. (S. 667) sagt, daß diese Verhältnisse auch unter den „ähnlichen Zuständen" einbegriffen sein sollen. Daß fremde Kriegs- oder Schiffsdienste unter allen Umständen einen der Sklaverei ähnlichen Zustand der Unfreiheit begründen, kann nicht zugegeben werden; es wird sich deshalb empfehlen, diese Dienste neben den „andern ähnlichen Zuständen der Unfreiheit" ausdrücklich anzuführen.

4. Das der *DVE.* die nicht hierher gehörige „Aussetzung in hilflosem Zustande" ausscheidet und „unter die Verbrechen und Vergehen gegen das Leben" in § 218 einreiht, erscheint gerechtfertigt.

---

[1]) Die Ausführungen von Rosenfeld (*Vergl. Darst. Bes. T. V. 385–497*) und die Beurteilung von Lindenberg (DJZ. *XI. 1165–1170*) sind nur mit dem Namen der Verfasser angeführt.

B. Das Sklavenraubgesetz vom 28. Juli 1895 ist hier nicht eingearbeitet. Dies ist nicht zu bemängeln, weniger weil, wie die Begr. S. 667 meint, das Gesetz nach seiner Entstehung besondern afrikanischen Verhältnissen angepaßt ist[1]), als weil die dort angedrohten Strafen sich in das System des StGB. nicht recht einfügen (so mit Recht Lindenberg S. 1168).

II. Kinderraub.

A. Rosenfeld regt (S. 497) an, das Delikt unter die strafbaren Handlungen gegen Ehe und Familienstand einzureihen (so *OVE.* § 255 Abs. 1). Dies ist wohl richtiger, aber nicht gerade geboten, da sich die Straftat auch, wie die Begründung zutreffend ausführt, gegen das Aufsichtsrecht desjenigen, dem die Verfügung über die Freiheit des Minderjährigen zusteht, und dadurch mittelbar gegen diese Freiheit selbst richtet.

B. § 235 ändert am geltenden Recht (Fassung des Art. 34 EG. zum BGB.) nur die Fassung und das Strafmaß.

1. Die Aufzählung der Entziehungsmittel „List, Drohung, Gewalt" ist aus demselben Grunde wie in § 234 beseitigt.

2. Zur größeren Deutlichkeit ist das nicht notwendige Wort „vorsätzlich" eingefügt.

3. Bei den Entziehungszwecken im Falle schweren Kinderraubes ist das „Betteln" weggelassen, weil es entweder ein gewinnsüchtiger oder ein unsittlicher Zweck sei.

4. Die Worte „oder Beschäftigungen" sind als entbehrlich gestrichen.

Die Änderungen zu 3 und 4 verdienen Beifall.

5. Die Ermäßigung des Maximums auf drei Jahre Gefängnis und die Zulassung von Haft erscheinen unbedenklich; dagegen dürfte es kaum richtig sein, beim schweren Kinderraub mildernde Umstände zuzulassen. Hier reicht für die sehr seltenen besonders milden Fälle § 83 Abs. 1 aus. Allerdings droht auch der *OVE.* (§ 255 Abs. 2) in den schweren Fällen neben Kerker Gefängnis von drei Monaten bis zu fünf Jahren an, während der *SchVE.* sich in allen Fällen mit Gefängnis bis zu zwei Jahren begnügt.

C. Der § 235 bedarf nach verschiedenen Richtungen der Erweiterung:

---

[1]) Allerdings bezieht sich die Generalakte der Brüsseler Antisklavereikonferenz vom 2. Juli 1890 (RGBl. 1892 S. 605), aus welcher das Gesetz hervorgegangen ist, nur auf Afrika. Das Gesetz selbst ist aber allgemein gefaßt und auf alle Erdteile anwendbar.

1. auf die Beihilfe zur Selbstentziehung Minderjähriger, (so Rosenfeld S. 497, Lindenberg S. 1168),

2. auf die bisher nur landesrechtlich unter Strafe gestellte Entziehung aus der Fürsorgeerziehung, sowie auf die bisher straflose (RGE. XXXVIII. 258) Entziehung aus einer gemäß § 56 Abs. 2 StGB. angeordneten Anstaltserziehung.

3. Ferner empfiehlt es sich, nach dem Vorgang des *OVE.* (§ 255[1]) denjenigen zu bestrafen, welcher einen Geisteskranken dem rechtmäßigen Inhaber der Obhut entführt oder vor diesem verborgen hält, ihn zur Selbstentziehung bestimmt oder ihm hierbei Hilfe leistet. § 120 StGB. (129 *DVE.*) betrifft nur diejenigen Geisteskranken, welche auf Anordnung einer Behörde in einer Irrenanstalt untergebracht sind.

II. Entführung (§§ 236—238)[1]).

A. In der *Vergl. Darst.* ist diese Straftat unter die Sittlichkeitsdelikte aufgenommen[2]). Dies ist bei der Entführung zum Zweck der Unzucht gerechtfertigt, weniger bei derjenigen zum Zweck der Eheschließung. Da sich nun eine Trennung nach dem Zweck nicht empfiehlt[3]) und die hier aufgeführten Tatbestände mit dem des § 235 verwandt sind, möchte ich der Anordnung im Vorentwurf (ebenso *OVE.* § 317, *SchVE.* Art. 113) nicht widersprechen.

B. § 236 *DVE.* ändert wenig. Wie in §§ 234, 235 ist auch hier die Aufzählung „List, Drohung, Gewalt" gestrichen. Die Zulassung von Gefängnisstrafe bei der Entführung zu unzüchtigen Zwecken erscheint nicht gerechtfertigt; für die sehr seltenen milderen Fälle reicht § 83 aus. — Mit Recht wird davon abgesehen, die Entführung junger Männer unter Strafe zu stellen[4]); hier genügen, wie die Begr. zutreffend hervorhebt, für den allein in Betracht zu ziehenden Fall der Entführung zu unzüchtigen Zwecken[5]) die übrigen Strafvorschriften (§§ 235, 240, 250 *DVE.* — Ebensowenig erscheint es erforderlich — wie Mittermaier will —, den Frauenhandel besonders aufzuführen, da hierfür § 253 [1]

[1]) Hierüber Mittermaier, *Vergl. Darst. Bes. T. IV. 136—143.*

[2]) Dies billigt Lindenberg S. 1165.

[3]) Vgl. Mittermaier S. 139.

[4]) Dies will Mittermaier S. 137.

[5]) Mittermaier möchte auch den Fall hier berücksichtigt wissen, wo jemand einen Minderjährigen entführt, um ihn zur Ehe zu bringen. Abgesehen davon, daß die Eheschließung doch erst nach Erreichung der Großjährigkeit erfolgen könnte (§ 1303 BGB), kommt eine solche Möglickeit praktisch nicht in Betracht.

DVE. in Verbindung mit § 48 des Gesetzes über das Auswanderungswesen vom 9. Juni 1897 (RGBl. S. 463) ausreicht. Dagegen dürfte sich eine Vorschrift im Sinne des Art. 114 *SchVE.* empfehlen, wonach derjenige bestraft würde, welcher eine geisteskranke, blödsinnige, im Bewußtsein schwer gestörte oder zum Widerstand unfähige Frau in Kenntnis ihres Zustandes entführt, um sie zur Unzucht zu mißbrauchen oder der Unzucht zu überliefern.

C. § 237 ist ebenfalls nahezu unverändert. Das Wort „unverehelichte" ist durch „unverheiratete" ersetzt, um klarzustellen, daß hier auch minderjährige Witwen gemeint sind. Die Herabsetzung des Maximums der Gefängnisstrafe von fünf auf drei Jahre ist nicht zu beanstanden. Unangemessen erscheint es mir, als ordentliche Strafe auch für die Entführung zu unzüchtigen Zwecken Haft oder gar Geldstrafe wahlweise zuzulassen. Aber dieser ganze Tatbestand ist entbehrlich. Denn die Entführung zu unzüchtigen Zwecken in § 237 unterscheidet sich von der „Entziehung" zu unsittlichen Zwecken in § 235 nach jetzigem Recht wesentlich nur dadurch, daß für diese die Anwendung von List, Drohung oder Gewalt erforderlich ist (RGE. XVIII. 273 ff., bes. 284). Da dies jetzt beseitigt werden soll, ist ein erheblicher Unterschied zwischen beiden Tatbeständen nicht mehr vorhanden. Der § 237 kann daher auf die Entführung zum Zweck der Eheschließung beschränkt werden.

III. Freiheitsberaubung.

A. Die Begr. (S. 670) sieht in dieser Straftat (mit Binding S. 98 II) eine hervorgehobene schwerer strafbare Unterart der Nötigung. Mit Recht bekämpft Olshausen (S. 910 Anm. 4) diese Auffassung. Denn die einzigen Nötigungsmittel sind Gewalt und Drohung, während eine Freiheitsberaubung auch auf andere Weise, besonders durch List oder Betäubung geschehen kann. Nun fällt zwar die Betäubung jetzt nach § 12[4] *DVE.* unter den Begriff der Gewalt, nicht aber die List. In der Praxis kommt allerdings diese Art der Freiheitsberaubung kaum vor.

B. Der § 239 *DVE.* erklärt, einer allseitigen und begründeten Forderung entsprechend, auch den Versuch für strafbar, ändert aber sonst an dem jetzigen Tatbestande nichts. Die Weglassung des selbstverständlichen „widerrechtlich", der Worte „des Gebrauchs" und „persönlichen" sind nur Verbesserungen der Fassung.

C. Dagegen sind die Strafdrohungen wesentlich geändert. Die bisherige Abstufung ist beseitigt, dagegen für besonders schwere

Fälle (§ 84 Abs. 2) Zuchthaus angedroht, im übrigen neben Gefängnis auch Haft oder Geldstrafe zugelassen, so daß der Richter, da der Begriff des „besonders schweren" Falles fließend ist, die Auswahl zwischen allen vorhandenen Strafarten hat. Mir erscheint diese Freiheit des richterlichen Ermessens zu weitgehend. Auch Rosenfeld (S. 495) und Lindenberg (S. 1169) sprechen sich, wenngleich im einzelnen voneinander abweichend, für eine Hervorhebung besonderer, schwerer zu ahndender Fälle aus; die beiden andern Entwürfe enthalten eine Reihe von Strafschärfungsgründen, darunter auch, übereinstimmend mit dem geltenden deutschen Recht, die Dauer der Freiheitsentziehung (*OVE.* § 315[2] eine Woche, § 315[3] drei Monate, *SchVE.* Art 112[2] Abs. 3 ein Monat). Eine solche Vorschrift empfiehlt sich allerdings weniger, weil sie, wie die Begr. S. 671 treffend hervorhebt, eine Willkürlichkeit enthält und nicht berücksichtigt, daß durch besondere Umstände für den einen die kürzere Freiheitsberaubung einen schwereren Nachteil bilden kann als für den andern eine längere. Dagegen stehen einer Berücksichtigung des schweren Erfolges, wie sie § 239 Abs. 2 StGB. vorsieht, jetzt um so weniger Bedenken entgegen, als § 62 *DVE.* (mit Recht) die Haftung für den Erfolg von dessen Voraussehbarkeit abhängig macht. Ferner wird die zu unzüchtigen Zwecken erfolgende Einsperrung (*OVE.* § 315[2], *SchVE.* Art. 112[2] Abs. 1) und die Verbringung in ein Irrenhaus besonders hervorzuheben sein (hierfür auch Lindenberg a. a. O.; *SchVE.* Art. 112[2] Abs. 2 „wenn er einer Person die Freiheit unter dem falschen Vorgeben, sie sei geisteskrank, entzieht oder arglistig entziehen läßt".) Eine solche Bestimmung entspricht zwar nicht völlig dem System des *DVE.*, wohl aber dem praktischen Bedürfnis. Daneben wird die allgemeine Klausel des *DVE.* (Ahndung besonders schwerer Fälle mit Zuchthaus) beizubehalten sein; unter diese kann z. B. eine Freiheitsberaubung mit besonders grausamer Behandlung, sowie — was die Begr. mit Recht anführt — eine Einsperrung mit schwerer Schädigung des Verletzten an Ehre und Vermögen fallen.

Von der Zulassung von Haft oder Geldstrafe als ordentlicher Strafe möchte ich abraten. Für die sehr seltenen besonders leichten Fälle (z. B. Einsperrung eines widerspenstigen Dienstboten oder Knechts auf kurze Zeit) reicht auch hier § 83 *DVE.* aus.

IV. Nötigung.

A. § 240 StGB. straft denjenigen, der widerrechtlich durch Gewalt oder durch Bedrohung mit einem Verbrechen oder Vergehen einen andern zu einer Handlung, Duldung oder Unterlassung nötigt. Der *DVE.* läßt zunächst die Worte „mit einem Verbrechen oder Vergehen“ weg und ersetzt „Bedrohung“ durch „Drohung“. Er bringt damit, einer mehrfach ausgesprochenen Forderung nachkommend, die Nötigungs- und Erpressungsmittel in Einklang, erklärt also jede Drohung für ausreichend. Dann ersetzt er „widerrechtlich“ durch „in rechtswidriger Absicht“, während die Worte „Handlung, Duldung oder Unterlassung“ stehen bleiben[1]). Damit wird der Tatbestand völlig geändert. Zurzeit ist nach der herrschenden Meinung die Widerrechtlichkeit bei der Nötigung nicht in der Unerlaubtheit und Rechtswidrigkeit des erreichten Zwecks, sondern in der Widerrechtlichkeit der zu dessen Erreichung angewendeten Zwangsmittel zu finden[2]). Die Anwendung rechtswidriger Mittel ist also auch zu einem rechtmäßigen Zwecke, z. B. zur Verhinderung einer unsittlichen oder gar strafbaren Handlung, unzulässig (von Liszt S. 352 Anm. 4), dagegen die Erreichung eines rechtswidrigen Ziels durch rechtmäßige Mittel, z. B. die Nötigung eines Mädchens zum Beischlaf durch Drohung mit einer Strafanzeige gegen den schuldigen Vater, straflos[3]).

Der Vorentwurf kehrt dies um. Er erfordert zum Tatbestand die rechtswidrige Absicht, läßt aber dann jede Gewalt und jede Drohung, also auch die mit einer erlaubten Maßregel (Anzeige wegen wirklich begangener Straftat, Kündigung einer Hypothek), die Strafbarkeit begründen. — Der *SchVE.* (Art. 111) verlangt als Nötigungsmittel Gewalt oder schwere Drohung, stimmt aber sonst mit dem deutschen überein. — Der *OVE.* (§ 321) fordert — hierin den beiden andern sich nähernd — als Nötigungszweck eine Handlung, Duldung oder Unterlassung, zu welcher der

---

[1]) Mit Recht. Die Annahme Geyers (in von Holtzendorffs Handb. III. 574), daß „Duldung“ überflüssig sei, wird überzeugend widerlegt von Haelschner (Strafr. II. 119). Eine zutreffende Rechtfertigung der Dreiteilung gibt auch die Begr. S. 673.

[2]) S. RGE. *VIII. 304* und die dort angeführten früheren Urteile; E. *XII. 196.* Im einzelnen gehen die Meinungen über die Bedeutung des Wortes „widerrechtlich“ auseinander (vgl. u. a. Bruck, Verbrechen gegen die Willensfreiheit S. 56; John, ZStW. *I. 222—244*; von Buri GS. *XXXIII. 402ff.*; Zimmermann, ebenda S. 600ff.; meine Ausführungen GS. *XXXII. 51—62* und ZStW. *III. 638—655*; Goldschmidt, Strafbarkeit der widerrechtlichen Nötigung S. 21ff; Olshausen S. 919 Anm. 11).

[3]) S. Goldschmidt a. a. O. S. 5f.; Binding, S. 85f. Es kann deshalb de lege lata Olshausen nicht beigetreten werden, wenn er annimmt, daß aus der Rechtswidrigkeit des Nötigungszwecks regelmäßig auch die des Nötigungsmittels folge.

Genötigte nicht verpflichtet ist; als Nötigungsmittel aber führt er neben der Gewalt nur die Bedrohung des andern oder einer ihm nahestehenden Person mit Gewaltanwendung oder einem rechtswidrigen Nachteil an Freiheit, Ehre oder Vermögen[1]) auf.

Der oben angeführte Fall (Nötigung der Tochter zum Beischlaf durch Drohung mit einer Strafanzeige gegen den Vater) ist also nach dem *OVE.* straflos, nach den andern beiden strafbar.

Ich stimme der deutschen Fassung zu. Es mag zunächst in positiver Beziehung befremden, daß beim Vorhandensein eines rechtswidrigen Zwecks jede Drohung, auch eine geringfügige, genügen soll[2]). Die Sachwidrigkeit und Willkürlichkeit der jetzigen Beschränkung auf Bedrohung mit einem Verbrechen oder Vergehen ist allgemein anerkannt. Aber eine Ausdehnung auf alle Drohungen ist bisher wohl kaum je gesetzlich vorgeschrieben oder in der Literatur vertreten worden. Man könnte also eine andere Beschränkung, etwa die von Rosenfeld empfohlene des norwegischen StGB. auf Zwang durch rechtswidriges Verhalten oder durch Drohung mit solchem, Drohung mit Anklage oder Anzeige wegen strafbarer Handlung, — oder die des *SchVE.* auf schwere Drohung für zweckmäßig halten. Aber alle diese Fassungen sind entweder, wie die schweizerische, zu unbestimmt, oder sie engen, wie die österreichische, das Gebiet der strafbaren Nötigung zu sehr ein. Die Ausdehnung auf alle Drohungen wird daher keinem wesentlichen Bedenken unterliegen, zumal die Strafe bis auf 3 M heruntergehen hann. Nur muß daran festgehalten werden, daß unter „rechtswidriger Absicht“ nur die Absicht verstanden werden kann, einen der Rechtsordnung zuwiderlaufenden Zweck zu erreichen, — also nicht etwa die Absicht, eine Handlung herbeizuführen, auf welche der Nötigende kein Recht hat und zu welcher wie es im *OVE.* heißt — der Genötigte nicht verpflichtet ist.

Auf der andern Seite mag es auffallen, daß jede Gewalt und jede Drohung zur Erreichung eines rechtmäßigen Zweckes, — mag es sich um eigene Interessen des Nötigenden, wie bei der Selbst-

---

[1]) Diese Aufzählung hat den Nachteil fast jeder Kasuistik: sie ist unvollständig. So fallen z. B. Drohungen mit Nahrungsentziehung oder andern Nachteilen für den Körper, die sich nicht als Gewaltanwendung darstellen, nicht darunter.

[2]) Binding S. 85 sieht als Drohung nur die Ankündigung wirklicher Eingriffe in den unversehrten Bestand an Rechten oder Rechtsgütern oder eine Gefährdung desselben an. Diese Begriffsbestimmung, die in der Rechtsprechung und sonst in der Literatur nicht vertreten wird, dürfte zu eng sein. Vgl. Frank, *Vgl. Darst. Bes. T. VI. 23f.*

hilfe, oder um fremde, etwa um Verhinderung einer Straftat, handeln, — der Bestrafung aus § 240 entzogen sein soll. Es wird damit die Rechtsverfolgung ähnlich privilegiert, wie die Rechtsverteidigung durch die Vorschriften über die Notwehr (§§ 53 StGB. 66 VorE.). Diese weite Anwendung des Satzes, daß der Zweck die Mittel entschuldigt, ist wohl ebenfalls bisher ohne Beispiel und geht insbesondere, soweit die Selbsthilfe in Frage kommt, wesentlich über die Grenzen der §§ 229—231 BGB. hinaus; sie wird aber erträglich, wenn man erwägt, daß übermäßige Gewaltanwendung gegen eine Person als Körperverletzung anzusehen ist, während gefährliche friedenstörende Drohungen, auch wenn damit ein erlaubter Zweck verfolgt wird, unter § 241 *DVE.* fallen, sofern nicht durch eine besondere Befugnis des Drohenden die Rechtswidrigkeit der Drohung ausgeschlossen wird (vgl. z. B. RGE. *XII. 196*).

B. Eine weitere Ausdehnung des § 240, besonders auf die Nötigung durch List[1]), ist als durch das praktische Bedürfnis nicht geboten abzulehnen.

C. Der *DVE.* hat auch hier, seinem Prinzip getreu, davon abgesehen, die Sonderbestimmungen, von denen für die Rechtsprechung vor allen § 153 RGO. in Betracht kommt, einzuarbeiten. Man wird sich hier wie sonst damit abfinden müssen, weniger aus sachlichen Gründen als deshalb, weil durch die Aufnahme aller Strafnebengesetze die Fertigstellung des neuen StGB. ins unbestimmte vertagt werden würde. Jedenfalls muß aber dann durch eine Novelle zur RGO. klargestellt werden, daß § 153 nicht, wie jetzt angenommen wird[2]), mit § 240 StGB. ideell konkurrieren kann, sondern ausschließlich anzuwenden ist.

D. Die Steigerung des Höchstsatzes der Geldstrafe (von 600 auf 5000 M) erscheint hier wie bei andern Vergehen schon mit Rücksicht auf vermögende Täter gerechtfertigt. Aber auch die Erhöhung des Maximums der Freiheitsstrafe von einem auf zwei Jahre wird bei dieser Straftat kaum zu beanstanden sein. Es können

---

[1]) Dies verlangt Bruck a. a. O. S. 56; dagegen Knitschky G. S. 44, 277.

[2]) So unter anderen die Urteile des RG. vom 20. Juni 1895 und 16. November 1897 (E. *XXVII. 301, XXX. 359*) und des Kammergerichts vom 18. März 1904 (Gew. Arch. *IV. 344*). In Wirklichkeit liegt schon jetzt bei dem ersten der vier Tatbestände des § 153 RGO. (Anwendung körperlichen Zwanges) Gesetzeskonkurrenz, nicht Idealkonkurrenz mit § 240 StGB. vor; nach dem Vorentwurf, welcher die Einschränkung „mit einem Verbrechen oder Vergehen“ beseitigt, wird das auch bei dem zweiten Tatbestande der Fall sein.

hier sehr schwere Fälle vorkommen, wenn auch die bei Rosenfeld und in der Begr. (S. 674) erwähnte „Chantage" fast ausnahmslos sich als Erpressung darstellt. Auch der *SchVE.* schreibt Gefängnis bis zu zwei Jahren vor (Art. 111 in Verbindung mit Art. 29), während der *OVE.* (§ 321) dieses Maximum nur für die schweren Fälle (Gewalt der Drohung mit Gewalt) festsetzt.

V. Bedrohung (§ 241).

A. Statt der „Bedrohung mit einem Verbrechen" ist hier die „Friedensstörung durch gefährliche Drohung" unter Strafe gestellt. Die Fassung der beiden andern Entwürfe ist enger. Der *SchVE.* Art. 110 beschränkt die Vorschrift auf schwere Drohungen und wirkliche Gefährdungen („wer die Sicherheit einer Person durch eine schwere Drohung gefährdet"); der *OVE.* § 322 engt den Tatbestand anderweit, namentlich durch Aufstellung des Erfordernisses der Rechtswidrigkeit ein, („wer jemanden mit Gewalt oder mit einem rechtswidrigen Nachteil an Freiheit, Ehre oder Vermögen unter solchen Umständen bedroht, daß die Drohung geeignet ist, ernstliche Furcht hervorzurufen").

Mit Recht bezeichnet die Begr. S. 675 den jetzigen § 241 als unzweckmäßig, da er viele an sich strafwürdige Drohungen ausschließe und doch nicht verhindere, daß zahlreiche im täglichen Leben unter Ungebildeten vorkommende, den Rechtsfrieden nicht störende Redensarten[1]) bestraft würden. Aber die vorgeschlagene Fassung geht viel zu weit. Selbst wenn man die von Rosenfeld (S. 494) angeregte Beschränkung auf überlegte Drohungen ablehnen und die in der Form schwerfällige, in der Sache aber sehr beachtenswerte österreichische Fassung als zu kasuistisch bemängeln wollte, muß doch eine Beschränkung auf Drohungen mit rechtswidrigen Nachteilen gefordert werden. Das entspricht auch der geschichtlichen Entwicklung, nach welcher hier vorzugsweise Gewalt gegen die Person, sowie Brandstiftung und Überschwemmung als Schreckmittel in Betracht kommen. Drohungen mit begründeten Strafanzeigen, mit rechtmäßiger Pfändung, Wohnungs- oder Hypothekenkündigung können den Bedrohten sehr gefährden und in seinem Frieden stören, müssen aber, wenn sie nicht zur Erreichung eines rechtswidrigen Zwecks erfolgen, straflos bleiben.

B. Die Erhöhung der Strafmaxima dürfte auch hier unbe-

---

[1]) Über solche „Drohungen" Goehrs, ZStW. *XIX. 505*, Lindenberg S. 1170.

denklich sein. Betreffs der Freiheitsstrafe hält der *DVE.* mit einem Jahr hier die Mitte zwischen dem *OVE.* (sechs Monate) und dem *SchVE.* (zwei Jahre). Der *OVE.* schreibt aber in § 322² höhere Strafe (zwei Wochen bis zwei Jahre Gefängnis ohne Zulassung von Geldstrafe) vor, wenn der Täter den Bedrohten in Bestürzung oder einen qualvollen Zustand versetzt hat.

---

§ 2.

Hausfriedensbruch.

A. Der Hausfriedensbruch ist einer mehrfach aufgestellten Forderung[1]) entsprechend in Übereinstimmung mit den beiden andern Entwürfen unter die Freiheitsdelikte gestellt worden. Mir erscheint dies künstlich. Richtiger wäre meines Erachtens gewesen, die Vorschriften zum Schutz von öffentlichen Dienst- oder Verkehrsräumen, die mit dem Hausfrieden nichts zu tun haben, bei den Vergehen gegen die öffentliche Ordnung zu belassen, die Straftat aber im übrigen als Eingriff in die persönliche Rechtssphäre den Beleidigungen anzureihen, wie dies mit der Verletzung des Briefgeheimnisses, dem „moralischen Hausfriedensbruch", geschehen ist.

B. Der § 242 *DVE.* ändert am geltenden Recht wenig.

a) Den bisher geschützten Objekten werden „Räume, welche dem öffentlichen Verkehr dienen", hinzugefügt. Hierher gehören nach der Begründung z. B. Eisenbahnabteile, Straßenbahnwagen, Postomnibusse. Gegen die Einbeziehung dieser Verkehrsmittel und Verkehrsmittelteile, welche jetzt nicht unter § 123 fallen (RGE. *XXXII. 371*), ist meines Erachtens nichts einzuwenden, und es könnte sogar erwogen werden, ob nicht eine weitere Ausdehnung auf nicht abgeschlossene Verkehrsmittel und Verkehrsmittelteile (offene Omnibusse und Straßenbahnwagen, Trittbretter, Plattformen) sich rechtfertigt.

b) Neben dem widerrechtlichen Eindringen wird das „Verweilen gegen den Willen des Berechtigten" unter Strafe gestellt, während nach dem bisherigen Wortlaut die Nichtentfernung des unbefugt Verweilenden trotz Aufforderung des Berechtigten den zweiten Tatbestand bildet. Sachlich sollte damit nichts geändert werden, da schon jetzt die Aufforderung zur Entfernung

---

[1]) So Haelschner, *II. 144*, Rosenfeld, S. 392. Ähnlich von Liszt, S. 397: der Hausfrieden sei „ein der persönlichen Freiheit verwandtes aber doch eigenartiges Rechtsgut".

20*

auch durch schlüssige Handlungen geschehen kann (Begr. S. 676, vgl. Olshausen S. 506 Anm. 16 Abs. 2). Ich würde die jetzige Fassung trotz ihrer Schwerfälligkeit beibehalten (so auch Lindenberg S. 1166f.; § 323 ² *OVE.* verlangt sogar wiederholte Aufforderung) oder doch wie Art. 116 *SchVE.* nur ein Verweilen gegen den erklärten Willen des Berechtigten als strafbar bezeichnen. Bei der deutschen Fassung wird das Gericht oft aus Mienen des Berechtigten oder aus andern Anzeichen den Schluß ziehen, daß dieser ein weiteres Verweilen des Täters nicht will, und weiter feststellen, daß dieser Wille dem Angeklagten zum Bewußtsein gekommen ist. Hierbei können leicht Irrtümer zu Ungunsten des Angeklagten vorkommen, die durch das Verlangen einer Aufforderung oder Willenserklärung vermieden werden.

c) Der Höchstsatz der Freiheitsstrafe (jetzt nur Gefängnis, nach dem *DVE.* möglicherweise auch Haft) wird von drei Monaten auf ein Jahr, derjenige der Geldstrafe von 300 auf 2000 M erhöht. Dafür fallen die besonders hervorgehobenen Tatbestände (§§ 123 Abs. 3, 124) weg. Diese Regelung ist der jetzigen und der sehr ähnlichen des *OVE.* (§§ 323, 324) vorzuziehen. Zuwiderhandlungen gegen § 124 StGB. kommen in der Praxis kaum vor, und der § 123 Abs. 3 mit seinem Mindestsatz von einer Woche Gefängnis bei Nichtzulassung einer Geldstrafe wird bei den sehr häufig vorkommendeu leichten Fällen in der Praxis durchweg als zu hart empfunden.

d) Der *SchVE.* behandelt in Art. 116 Satz 2 das Einschleichen in diebischer Absicht besonders. Diese auch von Rosenfeld S. 496 geforderte Vorschrift erscheint aber entbehrlich, da ein solches Einschleichen oder Eindringen als versuchter schwerer Diebstahl zu bestrafen ist (§§ 243 ⁷ StGB., 270 ⁵ *DVE.*; RGE. *XXXVIII. 177*).

D. Rosenfeld S. 446 (vgl. S. 454) verlangt noch weitere Sonderbestimmungen. Zunächst eine solche im Sinne von Art. 505 des spanischen StGB., wonach derjenige straflos ist, welcher in die fremde Wohnung eintritt, um ein schweres Übel von sich, den Bewohnern oder einem Dritten abzuwenden, oder um der Menschlichkeit oder der Gerechtigkeit einen Dienst zu erweisen. Die zweite Alternative enthält keine nach deutschen Begriffen für die Rechtsanwendung brauchbare Vorschrift, die erste ist durch § 67 *DVE.* gedeckt. — Ferner fordert Rosenfeld, daß hier zur Klarstellung der Rechtswidrigkeitsfrage das Verhältnis von Mietern zu Mitmietern, des Hausherrn zu den Hausangehörigen, des Wirtes zu den Gästen geregelt wird. Eine derartige Regelung rein zivilrechtlicher Fragen gehört aber nicht in ein StGB. und ist bisher wohl auch noch von keiner Strafgesetzgebung versucht worden. Mit Recht hebt Lindenberg (S. 1167) hervor, daß jede Kasuistik hier an der wechselvollen Gestaltung des modernen Verkehrslebens scheitern würde.

---

§ 3.

Die Beleidigung[1].

I. Begriff und Arten.

1. Wie bei den meisten Abschnitten des *Bes. T.*, so hat auch in der schwierigen und vielumstrittenen Materie der Beleidigung der *DVE.* auf grundlegende Änderungen des geltenden Rechts verzichtet. Er bestimmt ebensowenig wie die Mehrzahl der ausländischen Strafgesetzbücher den Begriff der Beleidigung und gibt damit zu erkennen, daß es in dieser Beziehung bei den Ergebnissen der jetzigen Rechtsprechung, besonders der des Reichsgerichts, verbleiben soll. Damit ist jede Einschränkung des herrschenden weit ausgedehnten Beleidigungsbegriffs abgelehnt. Zurückgewiesen ist also die neuerdings namentlich von Kohler (S. 1ff., 29ff.) vertretene, aber nicht streng festgehaltene[2]) Beschränkung auf Kundgebungen, welche eine Nichtachtung des sittlichen Werts ausdrücken; abgelehnt auch die von v. Bar (S. 86ff.) aufgestellte, aber ebenfalls nicht folgerichtig durchgeführte[3]) Ansicht, wonach unter Beleidigung nur eine absichtliche Seelenschmerzerregung zu verstehen sei. Abgelehnt ist endlich eine Beschränkung

---

[1]) Die Ausführungen von Liepmann und v. Lilienthal in der *Vergl. Darst. Bes. T. IV.* die Abhandlungen von v. Bar (GS. 52 S. 81 ff.) und Kohler (Goltd. Arch. 47 S. 1—48, 89—154) sind nur mit den Namen der Verfasser angeführt.

[2]) Vgl. z. B. S. 42, wo es unter Umständen als eine Beleidigung angesehen wird, wenn jemand den Lieblingshund einer alten Jungfer tötet, um dieser ein Leid zuzufügen

[3]) So wird S. 182 (mit Recht) angenommen, daß Kinder und Geisteskranke im Rechtssinn beleidigt werden können, trotzdem diese in den meisten Fällen die Kränkung nicht empfinden. Von Bar findet hierin eine Ausdehnung des Beleidigungsbegriffs über die vollkommene Konsequenz hinaus; in der Tat liegt hierin aber ein Beweis dafür, daß seine Begriffsbestimmung der Beleidigung unrichtig ist. Von Bar rechnet nur Handlungen hierher, die objektiv einen Seelenschmerz verursachen. Solche Handlungen gibt es nicht; ein Schmerz ist stets eine subjektive Empfindung.

der verfolgbaren Beleidigungen im Sinne des englischen Rechts, wonach das bloße slander, also die wörtliche mündliche Beleidigung ohne Vorwurf einer bestimmten ehrenrührigen Tatsache, regelmäßig kein gerichtliches Verfahren herbeiführt. Die beiden anderen Entwürfe stehen hier auf einem abweichenden Standpunkt. Sie bestrafen, abgesehen von der üblen Nachrede und der Verleumdung, nur die Beschimpfung, also eine besonders schroffe Kundgebung der Nichtachtung (*OVE.* § 326; *SchVE.* Art. 108), Österreich auch diese nur, wenn die Beschimpfung öffentlich oder vor einem Dritten, also nicht, wenn sie unter vier Augen stattfindet. Auch diese Einschränkungen fehlen im *DVE.*[1]).

Der gegenwärtige Rechtszustand, den der Entwurf aufrecht erhalten will, ist unerfreulich. Wohl werden auch mit der Privatklage Ehrenkränkungen verfolgt, die den Beleidigten wirklich verletzen oder schädigen und an deren Ahndung er ein begründetes Interesse hat. Aber die Regel ist das nicht, wie jeder Richter bezeugen kann, der das Privatklageverfahren aus eigener Praxis kennt. Die meisten Sachen entstehen aus Streitigkeiten geringfügiger Art, die öfter längere Zeit dauern, bis die Grenze des rechtlich Zulässigen überschritten wird. Die Gründe, aus denen schließlich die Klage angestrengt wird, haben mit der Kränkung des Ehrgefühls meist wenig zu tun. Das geht schon daraus hervor, daß die Klage vielfach erst gegen Schluß der Antragsfrist angestrengt wird und daß Vergleiche sehr leicht zustande kommen, wenn sie nicht an der Kostenfrage scheitern. Bei der Geringfügigkeit dieser Vergehen werden regelmäßig nur kleine Strafen erkannt, die weder bessern, noch abschrecken. Viel Zeit und Arbeitskraft der Beteiligten und Zeugen, der Richter und Anwälte wird hier verschwendet; ansehnliche Geldbeträge gehen den meist nicht sehr bemittelten Parteien verloren. Die Überhäufung mit diesen geringfügigen Beleidigungsfällen ist teilweise daran schuld, daß viele Gerichte sich nicht leicht gewöhnen, in wirklich ernsten Fällen schwere Strafen zu verhängen.

Es wäre also wünschenswert, wenn lediglich schwere Fälle zur gerichtlichen Entscheidung gelangten, wenn man einen dem englischen Recht ähnlichen Zustand herstellen könnte.

Trotzdem ist eine Regelung in diesem Sinne nicht zu befürworten. Der jetzige Rechtszustand hat sich eingelebt und ent-

[1]) Jedoch darf in Deutschland nach geltendem Prozeßrecht, das nach dem Entwurf zur StPO. nicht geändert werden soll, der Privatkläger nicht als Zeuge vernommen werden. Infolgedessen bleiben regelmäßig auch bei uns Beleidigungen unter vier Augen straflos.

spricht den Gewohnheiten und Anschauungen der Bevölkerung. Eine Änderung würde Unzufriedenheit hervorrufen und dazu führen, daß Streitigkeiten häufig, statt gerichtlich ausgetragen zu werden, in Schlägereien ausarten.

Es ist deshalb dem Entwurf darin beizustimmen, daß er sachlich die jetzigen Grenzen der strafbaren Beleidigung nicht einengt, aber auch darin, daß er formell auf eine Begriffsbestimmung verzichtet. Es kann zwar nicht zugegeben werden, daß, wie die Begr. S. 701 sagt, der Begriff der Ehre (und demgemäß der Beleidigung) als bekannt und gegeben vorauszusetzen sei, wie er in dem Bewußtsein der Bevölkerung lebe. Denn wenn schon in der Literatur über den Begriff der Ehre wie über den der Ehrverletzung die verschiedensten Auffassungen bestehen, so ist dies noch in weit höherem Maße in der Bevölkerung der Fall, um so mehr, als hier die Auffassung nicht nur nach Gegenden, Bevölkerungskreisen, Ständen, Temperamenten verschieden ist, sondern auch bei den einzelnen wechselt, je nachdem sie als Beleidiger oder Verletzte in Betracht kommen. Viele glauben, ihren Nachbarn, der einmal gestohlen hat, ungestraft einen Dieb, jemanden, dessen Handlungsweise sie für unredlich halten, einen Schurken nennen zu dürfen. Manche fühlen sich schon beleidigt, wenn ihnen der bisher üblich gewesene Gruß versagt wird, andere, wenn sie nicht in der ihnen vermeintlich zustehenden Weise angeredet werden, noch andere, wenn man ihnen die Tüchtigkeit in ihrem Berufe abspricht. Wir haben es also hier mit durchaus flüssigen Begriffen zu tun. Trotzdem ist eine gesetzliche Festlegung nicht zu empfehlen, weil, wie die Begr. weiter zutreffend ausführt, eine allgemein anerkannte und befriedigende Feststellung dieses Begriffs noch nicht gelungen ist. Alle bisher gegebenen Begriffsbestimmungen sind entweder, wie die von Kohler und von Bar gegebenen, von der Praxis als zu eng mit Recht abgelehnt worden oder sie enthalten Merkmale, welche ihrerseits wieder der näheren Bestimmung bedürfen. Nach der überwiegend in der Literatur und Rechtsprechung festgehaltenen Umgrenzung ist Beleidigung eine vorsätzliche rechtswidrige, die Kränkung der Ehre eines andern enthaltende Kundgebung (so E. *III. 433*, Olshausen 731 Anm. 1). Hier bedarf es wieder einer Erläuterung dessen, was Kränkung und was Ehre ist. Alle derartigen Bestimmungen sind nur Umschreibungen, welche die Rechtsprechung wenig fördern. Es kann daher von Liszt nicht beigestimmt werden, wenn er S. 334 auch den Mangel einer gesetzlichen Begriffsbestimmung zu den Ursachen der Unzulänglichkeit unserer deutschen Gesetzgebung in Beleidigungssachen zählt.

2. Während der 14. Abschnitt des StGB. „Beleidigung" überschrieben ist, trägt Abschnitt 21 des *DVE.* die Überschrift „Ehrverletzung"[1]) („und Verletzung fremder Geheimnisse"). Die Bezeichnung „Ehrverletzung" findet sich aber nur in der Überschrift; im Text ist nur von Beleidigungen die Rede (§§ 259, 260, 263—266), abgesehen von dem Falle des § 262 (Beschimpfung des Andenkens eines Verstorbenen, § 189 StGB.), wo weder von einer Ehrverletzung noch von einer Beleidigung gesprochen wird. Kohler (Goltd. Arch. *LVI. 289*) billigt diese Überschrift; sie gebe einen Fingerzeig, wie das Wort Beleidigung aufzufassen ist. Er meint aber, es wäre richtiger gewesen, das Wort „Beleidigung" überhaupt aufzugeben und durch „Ehrverletzung" zu ersetzen. — Ich halte diese Änderung des StGB. für unschädlich, aber für bedeutungslos. Daß nicht jede Zufügung eines Leides, nicht jede injuria im römischen Sinne, sondern nur eine gegen die Ehre gerichtete Kundgebung als Beleidigung anzusehen ist, wird schon jetzt allgemein anerkannt; daß die Ehrverletzung nicht im Sinne Kohlers auf die Erklärung sittlicher Mißachtung beschränkt werden soll, ergibt sich daraus, daß der *DVE.* an dem durch die Rechtsprechung festgelegten Beleidigungsbegriff nichts ändern will.

3. Die meisten fremden Rechte behandeln das in § 186 StGB. „Beleidigung" genannte Vergehen als eine von der Ehrverletzung verschiedene Straftat, so auch der *OVE.* in § 327 unter dem Namen „Beleidigung", der *SchVE.* in Art. 106 unter der Bezeichnung „üble Nachrede". Dagegen sieht der *DVE.* in § 260 in der Behauptung oder Verbreitung ehrenrühriger[2]) Tatsachen nur einen besonderen Fall der Beleidigung. Ich halte das für eine Verbesserung. Ob die in der Wissenschaft (vgl. besonders v. Liszt S. 337) herrschende strenge Scheidung zwischen der einfachen Beleidigung als Verletzung und der üblen Nachrede als Gefährdung der Ehre theoretisch haltbar ist[3]), mag hier dahin gestellt bleiben; jedenfalls

---

[1]) Ähnlich *SchVE.* Abschnitt 3 „Verbrechen gegen die Ehre"; *OVE.* 24. Hauptstück: „Strafbare Handlung gegen die Ehre".

[2]) Diese kürzere Fassung ist zweckmäßiger als die des § 186 StGB. Eine Grenze zwischen „verächtlich machen" und „in der öffentlichen Meinung herabwürdigen" läßt sich in der Praxis nicht ziehen. Die neue Formel ist auch besser als die umständliche des sonst so knappen *SchVE.* der „unehrenhaftes Verhalten, schwere sittliche Gebrechen oder Tatsachen, die geeignet sind, den guten Ruf des Verletzten zu schädigen", aufzählt. Auch diese drei Gruppen sind in der Rechtssprechung nicht auseinanderzuhalten.

[3]) Eine öffentlich oder doch vor einer größeren Zahl von Menschen ausgesprochene üble Nachrede wird fast stets auch eine Verletzung, ein

muß der Begr. (S. 703) darin beigetreten werden, daß der Unterschied in der Rechtsprechung öfter schwer zu ziehen ist, namentlich wenn Urteile und Behauptung von Tatsachen zusammenfließen, und daß diese Unsicherheit häufig unnötige Aufhebungen in der Revisionsinstanz zur Folge hat.

II. Der Strafausschließungsgrund der Wahrheit.

1. Der Gedanke, daß wahre ehrenrührige Tatsachen straflos verbreitet werden dürfen, ist in § 186 StGB. dahin gestaltet, daß die Bestrafung regelmäßig nur durch einen vor dem erkennenden Richter geführten Wahrheitsbeweis ausgeschlossen wird[1]). Der § 260 *DVE.* stimmt damit grundsätzlich überein, bringt aber mehrere Änderungen des geltenden Rechts.

2. Der Täter soll straflos bleiben, wenn die Tatsache wahr ist. Die Weglassung des Wortes „erweislich" entspringt aus dem Bestreben des Vorentwurfes, prozessuale Vorschriften zu vermeiden und sich auf das materielle Recht zu beschränken (Begr. S. 708ff.). Dieser Grundsatz, welcher die Beseitigung des § 191 StGB. zur Folge hatte, ist jedoch in § 260 Abs. 3 verlassen.

3. Eine sachgemäße[2]) Erweiterung dieses Strafausschließungsgrundes enthält der *DVE.*, indem er in § 260 Abs. 1 die Worte „in Beziehung auf einen anderen" wegläßt, so daß auch bei den nur in Gegenwart des Verletzten getanen Äußerungen die Wahrheit des Vorwurfs die Bestrafung ausschließt (Begr. S. 704).

4. § 260 Abs. 3 wiederholt den § 190 StGB. mit der gerechtfertigten Änderung, daß die Behauptung einer strafbaren Handlung durch jede rechtskräftige Freisprechung im Strafverfahren, also nicht nur durch eine Freisprechung vor der Behauptung oder Verbreitung, als widerlegt gilt.

5. Die wichtigste Änderung dieses Abschnitts enthält § 260 Abs. 2. Danach schließt die Wahrheit der behaupteten Tatsache die Bestrafung nicht aus, wenn die Beleidigung öffentlich oder durch Verbreitung von Schriften, Abbildungen oder Darstellungen

---

beleidigendes Urteil, das nach seiner Fassung auf Tatsachen Bezug nimmt (Betrüger, Wucherer), regelmäßig auch eine Gefährdung der Ehre enthalten.

[1]) Abweichend wohl nur Binding S. 158 Nr. 2a, wonach auch die Überzeugung von der Beweisbarkeit die Bestrafung ausschließen soll. Nach der Fassung des *DVE.* ist diese Ansicht unmöglich.

[2]) Die Beurteilung des *DVE.* in diesem Abschnitt gilt nur für den Fall, daß der Wahrheitsbeweis in seiner jetzigen Gestalt beibehalten wird. Mein abweichender Standpunkt wird weiter unten dargelegt werde.

begangen ist und lediglich Verhältnisse des Privatlebens betrifft, die das öffentliche Interesse nicht berühren.

Ähnliche Vorschriften sind in den meisten ausländischen Rechten enthalten. (Vgl. von Lilienthal S. 413ff.; kürzer Begr. S. 709—711.) Der *OVE.* läßt in § 329, falls die Beschuldigung eine Tatsache des Privat- oder Familienlebens[1]) betrifft, den Wahrheitsbeweis zu, wenn die Beschuldigung nicht öffentlich vorgebracht war oder das öffentliche Vorbringen nach Inhalt und Form durch ein öffentliches Interesse oder ein berechtigtes Privatinteresse gerechtfertigt war. Der *SchVE.* Art. 106 Abs. 2 schließt den Wahrheitsbeweis nur bei den eine Straftat nicht enthaltenden Tatsachen des ehelichen[2]) und Familienlebens aus.

Die zurzeit der Reichstagskommission vorliegende Novelle zum StGB. (Drucks. 1909 Nr. 6) enthält sachlich die gleiche Vorschrift, fügt aber noch die prozessuale Beschränkung hinzu: „Eine Beweisaufnahme über die behauptete oder verbreitete Tatsache ist nur mit Zustimmung des Beleidigten zulässig." Der *DVE.* hat das Beweisverbot nicht aufgenommen. Die Begr. weist darauf hin, daß auch hier entsprechend dem allgemeinen Bestreben des Entwurfs, auf dem Boden des materiellen Rechts zu bleiben, Vorschriften über das Verfahren nicht aufgenommen sind, daß sich aber die prozessualen Folgen von selbst ergeben. Die Begr. meint damit, wie aus den vorangegangenen allgemeinen Erörterungen sich ergibt, daß eine Beweisaufnahme über die erwähnten Tatsachen überhaupt nicht, also auch nicht mit Zustimmung des Beleidigten — wie die Novelle will — zugelassen wird. Es ist aber nicht anzuerkennen, daß sich diese Prozeßfolge aus der Bestimmung des *DVE.* ergibt. Wird § 260 Abs. 2 Gesetz, wird weder im StGB., noch in einer späteren Novelle zur StPO. ein ausdrückliches Beweisverbot, wie es die Novelle enthält, ausgesprochen, so ist der Beweis über die erwähnten Tatsachen, wenn sein Gelingen auch nicht die Straflosigkeit bewirkt, zur Herbeiführung einer milderen Strafe zulässig. Um die Abschneidung des Beweises über jene Tatsachen zu erreichen, müßte also das Beweisverbot aufgenommen werden; dann entsteht wieder die Frage, ob ein Beweis mit Zustimmung des Beleidigten zugelassen werden soll.

Über die Einschränkung des Wahrheitsbeweises in dem Sinne, wie sie hier vorgeschlagen wird, sind die Stimmen in der Wissen-

---

[1]) Die Worte „oder Familienlebens" sind entbehrlich. Das Familienleben ist ein Teil des Privatlebens.

[2]) Hier sind die Worte „ehelichen und" überflüssig.

schaft geteilt[1]). Ebenso gingen bei der Beratung der Novelle im Reichstage die Meinungen auseinander[2]). Mehrfach wurde ein Mangel an Folgerichtigkeit darin gefunden, daß diese Beweisbeschränkung nur bei öffentlicher Beleidigung eintreten soll, und auf manchen Seiten fand man deshalb in dem Vorschlage ein Spezialgesetz gegen die Presse. Man hob hervor, daß der Begriff „Verhältnisse des Privatlebens" eine sichere Abgrenzung nicht ermögliche. Insbesondere führte der Abgeordnete Rechtsanwalt Dr. Osann (S. 8137) aus, daß dieser Begriff sich ja nicht wie im *SchVE.* auf Verhältnisse des Familienlebens beschränke[3]). Es könne zum Privatleben gerechnet werden, wenn ein Arzt Schmiergelder empfange, ein Fabrikant seine Arbeiter nicht angemessen behandele. Auch der Begriff des öffentlichen Interesses wurde von diesem und andern Abgeordneten als dehnbar bezeichnet[4]). Es wurde darauf hingewiesen, daß die Aufnahme des „öffentlichen Interesses" in § 416 StPO. sich nicht durchweg bewährt habe, daß die Handhabung dieser Vorschrift durch die Staatsanwaltschaft im Prozeß Moltke-Harden und sonst die erforderliche Sicherheit habe vermissen lassen. Endlich wurde ausgeführt, daß die (in den *DVE.* nicht aufgenommene) Zulassung des Wahrheitsbeweises mit Zustimmung des Beleidigten ein zweischneidiges Schwert sei; stimme er nicht zu, so werde die Öffentlichkeit vermuten, daß dies aus Furcht vor dem Gelingen des Wahrheitsbeweises geschehe.

Diese Einwendungen sind im wesentlichen begründet. Der Begriff „Privatleben" ist, wenn er auch bei dieser Gelegenheit in vielen Gesetzgebungen[5]) verwertet wird, wegen seiner Un-

---

[1]) Dafür besonders ausführlich Finger, GS. *LXXIV. 309—342*; ferner von Liszt, S. 334 unten, Kohler, Goltd. Arch. *LVI. 298*; dagegen sehr eingehend Beling, „Wesen, Strafbarkeit und Beweis der üblen Nachrede" 1909, besonders S. 26ff.; ferner von Lilienthal S. 455 und ZStW. *XXIX. 649—652.*

[2]) Sten. Ber. 1909 S. 8126—8128, 8130—8132, 8136—8138, 8141f., 8143—8145, 8148—8150, 8155f., 8159—8161, 8163—8165; 1910 S. 567f.

[3]) Das wird meines Erachtens von Kohler a. a. O. zu wenig berücksichtigt, wenn er für die Weglassung des Zusatzes, „die das öffentliche Interesse nicht berühren", ausführt: „Durch die Bezeichnung ‚Verhältnisse des Privatlebens' ist bereits genügend zum Ausdruck gebracht worden, daß, wenn es sich um solche Dinge handelt, welche zugleich das allgemeine soziale Leben betreffen, z. B. um die Behandlung von Arbeitern oder Arbeiterinnen, der Schutz des intimen Familienlebens nicht zutreffen kann."

[4]) Amtsgerichtsrat Engelen (S. 8130), Amtsgerichtsrat Perniok (S. 8139).

[5]) Von Lilienthal (S. 416; ZStW. *XXIX. 650* weist darauf hin, daß

bestimmtheit unbrauchbar. Läßt man überhaupt die Einrichtung des Wahrheitsbeweises in der jetzigen Gestalt fortbestehen, so empfiehlt sich der Ausschluß nur bei Verhältnissen des Familienlebens; in diesem Falle wird man mit Kohler die Klausel betreffs des öffentlichen Interesses weglassen können, weil von einem solchen hier kaum je die Rede sein kann.

Aber die ganze Einrichtung des Wahrheitsbeweises, mag sie getroffen werden wie sie will, ist für beide Teile unbefriedigend.

Wird der Wahrheitsbeweis mit Zustimmung des Verletzten zugelassen, so entsteht der bereits geschilderte Übelstand; die Zulassung wird zu einem moralischen Zwang. Wird er dagegen auch mit dieser Zustimmung nicht zugelassen, so entbehrt der Beleidigte jeder Möglichkeit, seinen Ruf durch einen Beweis der Unwahrheit wieder herstellen zu lassen; die Rufgefährdung, welche durch die ehrenrührige Behauptung bewirkt ist, kann zur Zerstörung des guten Rufs werden (v. Lilienthal, ZStW. *XXIX. 650*). Die Bestrafung des Beleidigers ohne Feststellung der Wahrheit oder Unwahrheit der behaupteten Tatsache nützt dem Verletzten wenig. Noch schlimmer steht es für diesen, wenn der Äussernde, worüber weiter unten zu reden ist, aus einem der in § 263 *DVE.* (§ 193 StGB.) erwähnten Gründe freigesprochen wird, denn dann hat derjenige, über den eine vielleicht unwahre ehrenrührige Tatsache verbreitet ist, nicht einmal die Genugtuung der Bestrafung, muß im Privatklageverfahren alle Kosten tragen und außerdem noch die unwahre Beschuldigung auf sich sitzen lassen.

Durch die jetzige vom *DVE.* übernommene Regelung kann also der Verletzte erheblich geschädigt werden; nicht minder ungünstig kann sich andererseits die Stellung seines Gegners gestalten, wenn ihm aus irgend einem Grunde der Schutz des § 263 (§ 193 StGB.) versagt wird. Er hat sich vielleicht eingehend und sorgsam erkundigt; aber in der Hauptverhandlung versagt der Beweis: der betreffende Zeuge hält die mündlich oder schriftlich abgegebene Erklärung unter dem Eide nicht aufrecht, oder er stirbt, verfällt in Geisteskrankheit oder ist nicht zu erreichen, oder er erhält, wenn er Beamter ist, nicht die Erlaubnis zur Aussage. Der Schuldspruch wegen des vorsätzlichen Vergehens der üblen Nachrede hängt in Wirklichkeit von einem Faktor ab, „der jenseit der Schuld gelegen ist“[1]), also vom Zufall.

wo solche Vorschriften bestehen, die Rechtsprechung dazu neigt, auf Umwegen den Wahrheitsbeweis zuzulassen und die Freisprechung des gutgläubigen Beleidigers zu ermöglichen.

[1]) So Finger, ein Anhänger der Novelle (s. oben S. 315 Anm. 1) a. a. O.

Wie diesem Übelstande im Interesse des Äußernden abzuhelfen ist, soll später erörtert werden. Im Interesse des Verletzten gibt es nur ein Mittel: es muß ihm gestattet werden, im Strafverfahren selbst oder in einem weiteren vor dem Strafrichter stattfindenden Feststellungsverfahren den Beweis seiner Nichtschuld zu führen[1]).

Die Begr. (S. 723—725) macht hiergegen mehrfache Bedenken geltend. Einem im Beleidigungsverfahren, so heißt es dort, wenigstens im Privatklageverfahren meist auf Grund des Parteivorbringens ergehenden Urteile könne nicht eine Wirkung beigelegt werden, wie den meist im Amtsverfahren erfolgenden Freisprechungen im Sinne des § 260 Abs. 3 (190 StGB.). Die Feststellung der Unerweislichkeit dürfe einem dritten Verbreiter gegenüber, der am Verfahren nicht teilgenommen habe und vielleicht im Besitz der Beweise für die Wahrheit sei, nicht als Feststellung der Unwahrheit behandelt werden. Eine solche Regelung würde den Rechtsanschauungen der Bevölkerung widerstreiten und unter Umständen dazu führen, einen ehrloser Handlungen Schuldigen dauernd gegen berechtigte Angriffe dadurch zu schützen, daß er gegen einen mit ihm im Einverständnis handelnden oder der Beweise unkundigen Verbreiter rechtzeitig eine Verurteilung herbeiführe. Die Zulassung einer Feststellungsklage in denjenigen Fällen, in denen ein Strafverfahren nicht eingeleitet oder nicht durchgeführt werden könne, verliere damit ihre Bedeutung. Sei der Beleidiger in Geisteskrankheit verfallen oder geflohen, so habe ohnehin die von ihm ausgegangene Behauptung keine Bedeutung. Eine Straflosigkeit der Äußerung aus § 263 (193 StGB.) können

---

S. 318. — Die schweren Mißstände, zu denen § 186 schon jetzt führt, und bei Annahme der Novelle noch mehr führen müßte, sind in der S. 315 Anm. 1 erwähnten Abhandlung Belings zutreffend und erschöpfend dargestellt. Vgl. auch meine Ausführung DJZ. *XIII. 452.*

[1]) Dafür vor allem die eingehenden Arbeiten von Otto Friedmann „Das Recht der Wahrheit und der Schutz des guten Namens" und „Vorschläge zur Umgestaltung des Österreichischen Preßrechts 1901", auf dessen Ausführungen hiermit verwiesen wird; in letzterer Schrift S. 110ff. ausführliche Gesetzentwürfe; vgl. besonders dort S. 134ff. §§ 493—501 über objektive Erkenntnisse; ferner Liepmann S. 372f.; von Lilienthal S. 481ff.; Beling a. a. O. S. 79 bis 83; vgl. auch § 253 des Norwegischen StGB. „In allen Fällen, in denen die Möglichkeit bestanden hat, für eine Beschuldigung den Wahrheitsbeweis zu führen, kann der Verletzte verlangen, daß das Gericht, sofern der Wahrheitsbeweis nicht für geführt erachtet wird, die Beschuldigung für tot und machtlos erklärt".

aber nach dem *DVE.* nur noch bei der üblen Nachrede, nicht mehr bei der Verleumdung vorkommen; für solche verhältnismäßig seltenen Fälle gesetzliche Vorsorge zu treffen, sei umsoweniger erforderlich, als den Verletzten bei vermögensrechtlichen Schädigungen der Weg des Zivilprozesses, bei Beleidigungen durch die Presse das Berichtigungsverfahren auf Grund des § 11 RPreßg. zur Verfügung stehe. — Diese Einwendungen sind meines Erachtens nicht durchschlagend. Das Verfahren muß, namentlich wenn es sich um eine öffentlich behauptete oder verbreitete ehrenrührige Tatsache handelt, so gestaltet werden, daß es die von der Begründung vermißten Garantien gewährt. Ist noch keine öffentliche oder Privatklage erhoben, so müßte der Verletzte nur als Antragsteller, nicht als Kläger auftreten und in der dann folgenden Verhandlung ebenso wie sein Gegner uneidlich gehört werden, während im übrigen eine Beweisaufnahme nach den Grundsätzen des jetzigen Strafprozesses stattzufinden hätte. Unter allen Umständen wird eine Voruntersuchung zuzulassen sein; ist schon ein Privatklageverfahren anhängig, so muß dies in geeigneten Fällen von der Staatsanwaltschaft übernommen werden. (So mit Recht von Lilienthal S. 422.) Auf diese Weise kann eine völlige Klärung erreicht und die Grundlage für ein sachgemäßes Urteil über die Wahrheit oder Unwahrheit der Behauptung gewonnen werden. Auch die Annahme eines mangelnden Bedürfnisses erscheint nicht zutreffend. Es ist unrichtig, daß im Falle des § 263 (193) die straflose Behauptung ehrenrühriger Tatsachen nach Ausscheidung der Verleumdung verhältnismäßig selten sein werden. Im Gegenteil sind die Fälle der durch § 193 gedeckten verleumderischen Behauptungen überaus selten, dagegen diejenigen, in denen objektiv ehrenrührige Tatsachen in gutem Glauben zur Wahrnehmung berechtigter Interessen vorgebracht werden, häufig. Der Weg der Zivilklage ist hier weit weniger geeignet, weil er Kosten verursacht und nur in geringerem Maße zur Feststellung der objektiven Wahrheit dient. Die Berichtigung gemäß § 11 kann ein unwahres Vorbringen ehrenrührigen Inhalts nicht entkräften, weil hier Behauptung gegen Behauptung steht und es vom Zufall abhängt, welcher Partei das Publikum mehr glaubt. Die Einführung des erwähnten Feststellungsverfahrens ist daher entschieden zu befürworten. Es wird sich weiter empfehlen, in den Fällen, wo ein Strafverfahren möglich ist, dem Verletzten die Wahl zwischen dem Feststellungsverfahren und dem Strafantrage zu lassen; er wird dann meist den ersteren Weg wählen. (So mit Recht von Lilienthal S. 463).

III. Der Schuldausschließungsgrund der mangelnden Rechtswidrigkeit.

1. Die Frage der Rechtswidrigkeit ist in § 263 *DVE.* im wesentlichen ebenso geregelt, wie in § 193 StGB. Nur drei Änderungen sind getroffen.

a) Die Fassung ist sachgemäß vereinfacht. Außer den „tadelnden Urteilen über wissenschaftliche, künstlerische oder gewerbliche Leistungen" sind hier nur noch Äußerungen, die „in Erfüllung von Rechtspflichten, in Ausübung rechtlicher Befugnisse oder zur Wahrnehmung von Rechten oder berechtigten Interessen gemacht sind und ähnliche Fälle" aufgeführt. Wie die Begr. S. 718 mit Recht hervorhebt, fallen die im jetzigen § 193 genannten „Vorhaltungen und Rügen der Vorgesetzten gegen ihre Untergebenen", sowie die dienstlichen Anzeigen und Urteile von Seiten eines Beamten" teils unter die „Äußerungen, die in Erfüllung einer Rechtspflicht", teils unter diejenigen, welche „in Ausübung rechtlicher Befugnisse" gemacht sind, die „Äußerungen zur Ausführung und Verteidigung von Rechten" unter diejenigen „zur Wahrnehmung von Rechten".

b) Der Absatz 2 schließt, was bisher streitig war, die Anwendung dieser Schuldbefreiung bei der Verleumdung aus. Diese Einschränkung ist zu billigen; ob sie weit genug geht, wird später erörtert werden.

c) Wie beim Wahrheitsbeweis (§ 260 Abs. 1 StGB.), so wird auch hier gesagt, daß Strafbarkeit trotzdem eintritt, wenn aus der Form der Äußerung oder den Umständen, unter denen sie geschah, die Absicht der Beleidigung hervorgeht. Die Begr. (S. 708) rechtfertigt diese den §§ 154, 158 Pr. StGB. entsprechende Fassung damit, daß die Rechtsprechung auch bisher das Vorhandensein der Beleidigung in §§ 192, 193 StGB. in diesem Sinne ausgelegt habe. Das ist im wesentlichen richtig (vgl. jedoch E. 3 S. 328)[1]. Aber es ist mehrfach darauf aufmerksam gemacht worden, daß dieser Rechtsprechung wesentliche Bedenken entgegenstehen und daß es vielmehr darauf ankommen muß, ob der Äußernde die Grenzen der Wahrnehmung von Rechten oder Berechtigten bewußt überschritten hat. Sehr häufig geschehen solche Überschreitungen, namentlich in öffentlichen Kundgebungen, nicht in der Absicht, den Betroffenen zu verletzen, sondern nur um der Sensation zu dienen. Eine Änderung nach dieser Richtung erscheint deshalb wünschens-

[1]) Vgl. meine Abh., GS. *XXXVIII. 525–530*; Binding, *I. 151*; von Liszt S. 340; Frank, Komm. 5.–7. A. S. 319.

wert. — Es empfiehlt sich aber ferner, neben der „Form“ und den „Umständen“ hier auch den Inhalt der Äußerung aufzuführen (Schütze Lehrb. 2. Aufl. S. 368, 370). Denn abgesehen davon, daß hier Inhalt und Form oft sehr schwer zu trennen sind, wird eine Überschreitung der Grenzen berechtigter Interessenwahrnehmung häufig objektiv eine schwerere Verletzung enthalten und subjektiv ein höheres Maß von Schuld zeigen, als eine solche, welche bloß aus der Form oder den Umständen zu entnehmen ist. Bei trennbaren Äußerungen wird hier schon nach jetzigem Recht eine Verurteilung unter der Feststellung erfolgen können, daß der überschreitende Teil nicht „zur“, sondern nur bei Gelegenheit berechtigter Interessen erfolgt ist. Bei untrennbaren Kundgebungen versagt diese Möglichkeit.

2. Während der übrige Inhalt des § 193 des StGB. geringere Schwierigkeiten bereitet hat, bildet die Wahrnehmung berechtigter Interessen einen Begriff, über den die Meinungen in Literatur und Praxis weit auseinandergehen und sich noch immer nicht geklärt haben[1]).

Unter denjenigen Fragen, die hier auftauchen, ist die wichtigste die, ob und inwieweit auch Äußerungen zur Wahrnehmung fremder berechtigter Interessen den Schutz des § 193 StGB. genießen. Das RG. hat in dieser Frage früher einen freieren Standpunkt eingenommen und teils ausgesprochen, daß das Gesetz überhaupt einen Unterschied zwischen Wahrung eigener und fremder Interessen nicht mache (E. *VI. 409*), teils den Schutz wenigstens dann zugebilligt, wenn der Täter aus sittlich gerechtfertigten Gründen zur Wahrnehmung berechtigter Interessen handelt (E. *V. 121*). In neuerer Zeit hat aber der höchste Gerichtshof im Anschluß an eine Äußerung Laskers im Reichstage bei Begründung des vom Bundesratstische aus bekämpften Antrages auf Einfügung der Worte „Wahrnehmung berechtigter Interessen“ (StBer. S. 647f.) und an die Ausführungen von Bülows (GS. *XLVI. 261 ff.*, *XLVIII. 1 ff.*) in jetzt ständiger Rechtsprechung diese Befreiung nur dann eintreten lassen, wenn der Schutz des fremden Interesses bei vernünftiger billiger Beurteilung der konkreten Sachlage als eine den Täter selbst nahe angehende Angelegenheit anzusehen ist. Besondere Schwierigkeiten entstehen hier in den Fällen, wo es sich um Interessen eines größeren Kreises, insbesondere einer Gemeinde, oder sämtlicher

[1]) Die hier vorkommenden Fragen sind nur insoweit behandelt, als zur Begründung des weiter unten gemachten Vorschlages erforderlich erscheint.

Staatsangehörigen handelt. Auch hier wurde in einzelnen Fällen der Schutz zugebilligt, so z. B. den Mitgliedern eines Ausschusses, welche zur Vorbereitung einer Reichstagswahl beleidigende Äußerungen über einen Beamten veröffentlichen (E. *XXVI. 18*), weil es sich hier um Ausübung des Wahlrechts und der gesetzlich gewährten Befugnis handle, sich zur Vorbereitung dieser Ausübung zu organisieren' (ähnlich E. *XXXIX. 399*), — so dem Redner in einer Volksversammlung, der aus Anlaß bevorstehender Stadtverordnetenwahlen Übelstände in einem städtischen Krankenhause zur Sprache brachte (E. *XXXIX. 264*). Auch abgesehen von solchen Veranlassungen ist angenommen worden, daß unter besonderen Umständen das Interesse der Allgemeinheit seiner Natur nach ein erhebliches auch gegenüber dem Achtungsanspruche des Dritten ins Gewicht fallendes eigenes Interesse des Äußernden darstellen könne, z. B. die Verhinderung Ärgernis erregender, wenn auch nicht unter § 360 Nr. 13 StGB. fallender Tierquälerei (Urt. v. 9. Dezember 1897, Goltd. Arch. *XLVI. 45*). Im allgemeinen aber haben jetzt alle Senate des RG. seit Jahren entschieden, daß die Wahrnehmung fremder Interessen seitens eines Redakteurs, sofern nicht besonders persönliche Beziehungen dies rechtfertigen, den Schutz des § 193 auch dann nicht genießen, wenn er den Artikel im Auftrage der Beteiligten veröffentlicht und daß ein solcher Schutz ebensowenig dem Redakteur oder dem Redner in einer Versammlung zuzubilligen ist, welcher vermeintliche Übelstände des öffentlichen Lebens unter Kränkung einzelner Personen erörtert[1]).

Die Ansicht des RG. ist jetzt auch in der Rechtsprechung der Untergerichte die herrschende, hat aber in der Literatur mehrfachen Widerspruch gefunden[2]).

---

[1]) Vgl. unter anderem E. *XLI. 284 ff.* (Fall Harden-Moltke) und die dort angeführten früheren Urteile.

[2]) Gegen das RG. u. a. Meyer-Allfeld, Lehrb. 6. Aufl. S. 425 f.; Frank, Komm. 5.—7. Aufl. S. 3226; Kohler, S. 108 ff. und Goltd. Arch., *LVI. 298*; meine Abh., GS. *XXXVIII. 510 ff.*; von Bar, S. 135 ff.; Rotering, GS. *LXII. 42 ff.*; von Lilienthal, S. 410 ff.; Hamm, DJZ. *XV. 859 f.* — Binding, S. 153, führt aus, Wahrnehmung berechtigter Interessen sei Wahrnehmung seitens der Interessenten; stelle sich aber die Presse in den Dienst öffentlicher Interessen, so sei sie als Mitinteressentin oder Gehilfin in der Wahrnehmung berechtigter Interessen gedeckt. — von Liszt, S. 339 f., sagt, die Wahrnehmung berechtigter Interessen dritter Personen falle nur insoweit unter § 193, als der Handelnde zu der Wahrnehmung berufen sei; jedoch müsse auch der Redakteur wie jeder Staatsbürger zur Wahrnehmung öffentlicher Interessen als persönlich berufen erachtet werden,

Auch wenn man mit dem RG. die Wahrnehmung berechtigter, aber die Öffentlichkeit nicht berührender Interessen durch einen Unberufenen als Schuldausschließungsgrund nicht gelten lassen will, so wird doch die Verfolgung allgemeiner Interessen vor der Öffentlichkeit, sei es in Versammlungen oder Druckschriften, grundsätzlich auch dann zu gestatten sein, wenn dabei objektive Beleidigungen Einzelner vorkommen. Es handelt sich hier um eine Abwägung verschiedener Rechtsgüter gegeneinander; die Wahrnehmung von Interessen der Allgemeinheit muß da unter Umständen dem Interesse des Einzelnen an der Unterlassung mißachtender oder rufgefährdender Kundgebungen vorgehen. Vielfach wird behauptet, daß bei den mit Kränkung von Personen verbundenen öffentlichen Besprechungen die Förderung von Interessen der Gesamtheit regelmäßig nur vorgeschützt, aber weder beabsichtigt noch erreicht werde. Das ist in dieser Allgemeinheit nicht zuzugeben; vielmehr ist häufig durch öffentliche Besprechung die Beseitigung von Übelständen bezweckt und erzielt worden, die durch Eingaben bei Behörden oder an einem anderen vorschriftsmäßigen Wege vergeblich versucht wurde.

In der Rechtsprechung des RG. wird vielfach hervorgehoben, daß durch Anerkennung eines solchen Rechts die Ehre des Einzelnen und besonders die der im öffentlichen Leben stehenden Personen schutzlos den Angriffen preisgegeben würde. Diese Befürchtung wird sich als unbegründet erweisen, wenn die Zulässigkeit derartiger strafloser Angriffe sachgemäß begrenzt wird[1]).

a) Die Äußerung darf nicht zu andern Zwecken, insbesondere nicht zur Befriedigung des Sensationsbedürfnisses oder der Neugier erfolgen. Sie muß nicht bloß „in“ und „bei Gelegenheit“, sondern zur Wahrnehmung berechtigter Interessen getan sein; der Äußernde muß also die Wahrnehmung des Interesses als Ziel seines Vorgehens im Auge haben und in der Überzeugung handeln, daß durch sein Vorgehen die Erreichung dieses Ziels eine bestimmte von ihm gewollte Förderung erfahre.

b) Die gewollte Förderung des öffentlichen Interesses muß in einem angemessenen Verhältnis zu der Kränkung stehen; die

und ein „ähnlicher Fall“ könne auch da vorliegen, wo die Wahrnehmung berechtigter Interessen zu leugnen sei. Beide Schriftsteller kommen also, obwohl ihre Grundauffassung der des RG. nahesteht, betreffs der Presse zu dem entgegengesetzten Ergebnis.

[1]) Vgl. zum folgenden von Bar S. 132ff.; meine Ausführungen GS. *XXXVIII. 524f.* und DJZ. *XIII. 452.*

Ehre einer Person darf nicht in einer den guten Sitten widersprechenden Weise um eines geringfügigen öffentlichen Interesses willen schwer verletzt oder gefährdet werden.

c) Die Notwendigkeit, die Ausnahmebestimmung des Schlußsatzes auf den Inhalt der Äußerung auszudehnen ist bereits oben erörtert.

d) Der wichtigste Punkt ist die Änderung der Vorschrift betreffs der Äußerungen tatsächlichen Inhalts, soweit sie die Wahrnehmung berechtigter Interessen bezwecken. Man mag es in bezug auf die übrigen Gruppen bei den Bestimmungen des § 263 *DVE.* belassen. Erhebliche Unzuträglichkeiten haben sich hier bei Anwendung des in der Hauptsache übereinstimmenden § 193 StGB. nicht gezeigt; auch erscheint namentlich eine weitere Beschränkung des Angeklagten bei seiner Verteidigung über den Abs. 2 des § 263 hinaus nicht angemessen. Aber kränkende Äußerungen zur Wahrnehmung berechtigter Interessen dürfen nur gestattet werden, wenn sie auf Grund sorgfältiger Prüfung in entschuldbar gutem Glauben an die Richtigkeit und Erweislichkeit vorgebracht werden.

Die Schuldbefreiung des § 260 ist deshalb auf die Wahrnehmung öffentlicher oder doch einen größeren Kreis betreffender Interessen auszudehnen, dagegen nach den zu c und b angegebenen Richtungen zu beschränken, während die Rechtsprechung die Punkte a und b zu beachten hätte.

Dadurch wird der anständigen Presse ihr Recht verschafft und die Möglichkeit gewährt, zur Beseitigung von Übelständen im öffentlichen Leben durch öffentliche Besprechung beizutragen, dabei aber grundlosen Kränkungen anderer tunlichst vorgebeugt. Durch die Einschränkung zu d wird auch die Wahrnehmung privater Interessen, z. B. die Tätigkeit der Auskunfts- und Schuldeneinziehungsbureaus, die Warnung vor böswilligen Schuldnern, zweckentsprechend geregelt.

Bei dieser Regelung kann die Einrichtung des Wahrheitsbeweises in ihrer heutigen Gestalt wegfallen. Ein Grund dafür, die Behauptung oder Verbreitung wahrer ehrenrühriger Tatsachen auch dann straflos zu lassen, wenn sie nicht zu einem berechtigten Zweck im Sinne des § 263 *DVE.* erfolgt, liegt nicht vor. Die Allgemeinheit hat mangels eines derartigen Zweckes kein Interesse daran, daß unehrenhafte Handlungen einzelner verbreitet werden; der Satz des Paulus „peccata nocentium nota esse et oportere et expedire" (l. 47 pr. D. de injuriis 47, 10) entspricht in diesem Umfange nicht mehr der heutigen Rechts-

21*

anschauung. Für den einzelnen aber ist die Möglichkeit einer solchen straflosen Weiterverbreitung, welche das RG. früher einmal (E. *II. 381*) nicht sehr treffend als das „Recht, die Wahrheit zu sagen“ bezeichnete, ohne Wert; denn er muß, wie oben gezeigt, bei Ausübung dieses „Rechts“ auch nach sorgsamster Prüfung des Sachverhalts mit der Möglichkeit einer Verurteilung rechnen.

Die Begr. lehnt (S. 712) im Anschluß an von Lilienthal (S. 455) eine Änderung in dem hier befürworteten Sinne mit dem Bemerken ab, es sei schwer, mit Sicherheit festzustellen, aus welchen Beweggründen der Täter gehandelt und welchen Zweck er verfolgt habe. Es könnten ihn gleichzeitig verschiedene Motive, ehrenhafte und verwerfliche, geleitet haben und sein wahrer Zweck könne zur Zeit des Urteils noch verborgen sein; eine derartige Vorschrift stelle daher den Richter unter Umständen vor eine unlösbare Aufgabe. — Wäre das richtig, so würde § 263 (193 StGB.) ebenfalls den Richter leicht vor eine unlösbare Aufgabe stellen können, da nach den dort gegebenen Vorschriften doch auch der Zweck der Äußerung für die Strafbarkeit maßgebend ist (vgl. Begr. S. 717 zu § 263, Satz 2 und 3). In Wirklichkeit ist regelmäßig unschwer festzustellen, ob die Äußerung zu einem berechtigten Zweck getan wurde. Ist ein solcher nicht ersichtlich, so muß Bestrafung eintreten; wird neben einem berechtigten Zweck ein andrer verfolgt, so schließt das Vorhandensein des berechtigten Zweckes die Schuld aus. Dagegen ist der Beweggrund des Handelnden unerheblich (Olshausen S. 770); hat jemand mit der ernstlichen Absicht, ein Strafverfahren herbeizuführen, bei einer Behörde strafbare Tatsachen angezeigt, die er für richtig hält, so ist er freizusprechen, auch wenn er aus Rachsucht handelt (E. *XX. 164*).

Die in den *DVE* übernommene Straflosigkeit wahrer ehrenrühriger Behauptungen ist daher zu beseitigen. Im Interesse des Angeklagten ist nur der Beweis darüber zu erheben, ob die zu einem berechtigten Zweck getane Äußerung nach sorgfältiger Prüfung und in entschuldbar gutem Glauben erfolgt ist; denn nur diese Momente sind für die Schuldfrage von Bedeutung. Irgendwelcher Einschränkungen dieses Beweises im Sinne des § 260 Abs. 2 bedarf es nicht. Allerdings wird damit eine teilweise fahrlässige Beleidigung eingeführt; das ist aber ein Fortschritt gegen den jetzigen § 186, bei dem die Bestrafung oder Freisprechung teilweise vom Zufall abhängt. — Nur im Interesse und auf Verlangen des Verletzten ist in der oben geschilderten Art der Beweis zu erheben.

Nach § 328 des *OVE.* ist der Täter nicht strafbar, wenn er nach Inhalt und Form der Beschuldigung eine Pflicht erfüllt oder ein Recht ausübt, oder wenn die Beschuldigung erweislich wahr ist. Außerdem hat das Gericht von Strafe abzusehen, wenn der Täter zureichende Gründe hatte, die Beschuldigung für wahr zu halten, sie weder in einer Druckschrift, noch in einer öffentlichen Versammlung vorbrachte und das Vorbringen durch ein öffentliches Interesse oder ein berechtigtes Privatinteresse geboten war. — Hier wird also der Wahrheitsbeweis wie im StGB. und im *DVE.* geregelt; dagegen werden, wie hier vorgeschlagen, die beiden in § 263 *DVE.* aufgeführten Gruppen von Schuldausschließungsgründen verschieden behandelt und das Vorbringen zur Wahrnehmung berechtigter Interessen nur auf Grund einer subjektiv gerechtfertigten Überzeugung von der Richtigkeit des Vorwurfs gestattet. Hierbei wird aber die Möglichkeit strafloser Äußerungen noch weiter eingeschränkt als nach § 193 in der Auslegung des deutschen RG.; die nicht erweisliche Beschuldigung darf überhaupt nicht öffentlich durch Wort oder Schrift erfolgt sein. — Diese Regelung ist, auch wenn man sich grundsätzlich auf den Standpunkt des *OVE.* stellt, nicht zu billigen. Es ist nicht ersichtlich, inwieweit ein nichtöffentliches Vorbringen durch ein öffentliches Interesse gerechtfertigt werden kann. — Der *SchVE.* enthält über die Rechtswidrigkeit bei Ehrverletzungen keine Vorschriften.

IV. Verleumdung.

Der Tatbestand der verleumderischen Ehrverletzung ist im § 261 *DVE.* derselbe geblieben wie im § 187 StGB., wenn auch dieses Vergehen formell als Unterfall des § 260 behandelt wird[1]. Die seinerzeit vom Reichstag eingefügte sogenannte Kreditverleumdung ist ausgeschieden. Die Begr. (S. 714) rechtfertigt dies damit, daß das Bedürfnis nach einer derartigen Strafvorschrift durch § 7 des Gesetzes zur Bekämpfung des unlauteren Wettbewerbs vom 27. Mai 1896 gedeckt sei. Sofern man überhaupt den in der deutschen Strafgesetzgebung herrschenden und vom *DVE.* übernommenen Gedanken der Verweisung aller an besondere Normen anknüpfenden Strafvorschriften in Nebengesetze billigt, ist diesem Vorschlage auch nach dem jetzigen Rechtszustande (§ 15 des Gesetzes vom 7. Juni 1909, RGBl. S. 499) beizustimmen. — Die von mir vorgeschlagene Änderung der §§ 260, 263 *DVE.*

[1]) Mit Recht bemängelt Mittermaier, ZStW. *XXX. 624*, diese Fassung, da jeder Tatbestand aus sich selbst heraus klar sein müsse.

würde den § 261 nicht berühren, da es sich hier um den Beweis der Unwahrheit, nicht um den der Wahrheit handelt.

V. Beschimpfung des Andenkens Verstorbener.

Der Begriff der Beschimpfung des Andenkens eines Verstorbenen, welcher in § 189 StGB. lediglich die wider besseres Wissen erfolgte Behauptung ehrenrühriger Tatsachen umfaßt, ist mit Recht auf andere gröbliche oder böswillige Beschimpfungen ausgedehnt, weil solche geeignet sind, das Pietätsgefühl in besonderem Maße zu verletzen[1]). Diese Abgrenzung verdient den Vorzug vor § 333 Abs. 2 des *OVE.*, wonach jede Beleidigung eines Verstorbenen und vor Art. 107 *SchVE.*, wonach Verleumdungen und alle übeln Nachreden gegen einen Verstorbenen strafbar sind.

VI. Strafantrag.

1. Die Bestimmungen über den Strafantrag bei Beleidigungen (bisher § 194—196) sind im wesentlichen aufrechterhalten und mit den unverändert übernommenen betreffs der Ermächtigung in § 264 vereinigt; nur die Regelung des Antragsrechts bei wechselseitigen Beleidigungen ist wie bisher in einem besonderen Paragraphen (265) erfolgt. Die Vorschläge verdienen im allgemeinen Billigung; jedoch ist folgendes hervorzuheben:

2. Die in den beiden anderen Vorentwürfen nicht enthaltene Vorschrift, wonach dem Ehemann bei Beleidigung seiner Ehefrau wie bisher (§ 195 StGB.) ein selbständiges Antragsrecht gewährt wird, ist meines Erachtens abzulehnen. Sie ist unnötig; denn der Ehemann kann stets für seine Ehefrau in deren ausdrücklicher oder vermuteter Vollmacht Strafantrag stellen und Privatklage erheben. Es liegt kein Grund vor, ihm ein weiteres Recht, insbesondere zu einem Vorgehen gegen den Willen der Frau, zu gewähren. Der entsprechende § 162 PrStGB. beruht, wie die Entstehungsgeschichte ergibt[2]), auf der Annahme einer mittelbaren Injurie. Daß diese Annahme dem § 195 trotz seines gleichen Wortlauts nicht zugrunde liegt, ergeben nicht bloß die Motive („der § 195 berücksichtigt nicht die sog. mittelbare Injurie, will vielmehr nur die Rechte beleidigter Ehefrauen besonders wahren"), sondern

---

[1]) Dagegen Kohler, Goltd. Arch. *LVI. 298*: Jedes Urteil über den Toten sei unbedingt zu gestatten. Sachlich ist das zuzugeben; aber ein Urteil in beschimpfender Form braucht deshalb nicht straffrei gelassen zu werden.

[2]) Vgl. Goltdammer, Materialien zum PrStGB. *I. 338—340.*

auch die Ausdehnung auf die Körperverletzungen (§ 232 Abs. 3 des StGB., § 233 Abs. 3 *DVE.*), bei denen doch von einer mittelbaren Verletzung nicht die Rede sein kann[1]). Diese Vorschrift ist aber nicht bloß überflüssig, sondern schädlich, weil sie namentlich beim Vorliegen wechselseitiger Beleidigungen eine ungerechtfertigte Benachteiligung der Gegenpartei enthält. Denn dieser wird das Recht aus § 265 (§ 198 StGB.), noch nach Ablauf der Frist den Strafantrag zu stellen, entzogen. Das hierdurch für das Strafverfahren bedingte selbständige Privatklagerecht des Ehemannes (§ 414 Abs. 2 StPO., § 378 Satz 2 des Entwurfs zur StPO.) bringt ferner die Ehefrau in eine Stellung, welche derjenigen eines Verletzten im Offizialverfahren ähnlich ist. Sie kann als Zeugin vernommen und beeidigt werden; nach jetzigem Recht ist die Beeidigung mangels besonderer Hindernisse sogar notwendig. Die Gegenpartei verliert durch diese Klageanstellung die Möglichkeit, eine Widerklage zu erheben und muß sich mit der Prozeßstellung des Angeklagten begnügen; ihre Vernehmung als Zeugin ist unzulässig. Bei den sehr häufigen wechselseitigen Schimpfereien zwischen Frauen niederer Stände hängt hiernach die Prozeßstellung jeder der beiden Beteiligten und damit vielfach der Ausgang des Verfahrens davon ab, welcher von beiden zuerst klagt. Dieser Zustandt ist unhaltbar und muß durch Streichung der Bestimmung beseitigt werden.

3. Die Ausdehnung des Antragsrechts bei Beschimpfung des Andenkens Verstorbener (§ 264 Abs. 1 Satz 3 *DVE.*), das jetzt nur Ehegatten, Eltern und Kindern zusteht, auf die Geschwister ist zu billigen, dagegen geht es zu weit und über das praktische Bedürfnis hinaus, wenn ein solches Antragsrecht auch den Großeltern und Enkelkindern zugestanden wird[2]). Diese stehen dem Verstorbenen nicht nahe genug, um eine solche Vorschrift zu rechtfertigen. Allerdings wird nach Art. 107 des *SchVE.* das Antragsrecht außer den Geschwistern und den Ehegatten noch weitergehend allen Verwandten gerader Linie gewährt (vgl. § 63 Nr. 3), während der *OVE.* dies wie § 189 StGB. auf Ehegatten und Verwandte ersten Grades beschränkt.

4. Die jetzigen §§ 196, 197 sind unverändert in § 264 Abs. 2 und 3 *DVE.* übernommen. Damit ist zunächst in negativer Beziehung klargestellt, daß anderen Personeneinheiten als Behörden

---

[1]) So mit Recht Binding, Handb. *I. 628* Anm. 13.

[2]) So Kohler, a. a. O., der aber auch die Ausdehnung auf die Geschwister ablehnt.

und politischen Körperschaften eine Beleidigungsfähigkeit nicht zukommt (Begr. S. 720). Da das Gesetz mit Aufstellung dieser Gruppen den Ehrbegriff von der Einzelperson loslöst, würde es folgerichtig sein, auch andere öffentlich anerkannten organisierten Personengesamtheiten die Beleidigungsfähigkeit zuzusprechen[1]). Ein praktisches Bedürfnis hierfür liegt aber nicht vor, da in der Beleidigung einer kollektiven Einheit fast stets auch eine solche der einzelnen Mitglieder zu finden ist und gefunden wird. — Der § 196 ist ein Rest der früher herrschenden Annahme einer besondern Amtsehre, d. h. der von dem persönlichen Wert unabhängigen Würde des Beamten als Vertreters des Staates in seinem Amtskreise (Liepmann, S. 355f.); indessen erkennt die Vorschrift in ihrer jetzigen Fassung diesen besondern Tatbestand der Amtsehre nicht mehr an (vgl. E. *XXVII. 195ff.*, Binding, a. a. O. S. 176). Die Wiedereinführung eines derartigen an § 164 Abs. 1 und 2 *OVE.* aufgenommenen Tatbestandes — auf eine solche zielt die Darlegung Bindings — wäre systematisch richtiger, als die jetzige in den *DVE.* übernommene Unterbringung dieser Straftaten unter den Beleidigungsbegriff. Ein Bedürfnis liegt aber auch für diese Änderung nicht vor. Der § 196 hat namentlich in Preußen eine umfassende Anwendung gefunden und sich als ausreichend gezeigt, um das Ansehen des Staates und seiner Beamten gegen verletzende Angriffe zu schützen.

5. § 265 wiederholt lediglich den, wie die Begründung meint, bewährten § 198 StGB. In Wirklichkeit hat sich diese Vorschrift im Verfahren auf erhobene öffentliche Klage in keiner Weise bewährt. Dem Angeklagten wurde die Stellung des Strafantrages „bis zum Schluß der Verhandlung in erster Instanz" zu dem Zweck aufgegeben, um eine gemeinsame Verhandlung über Klage und Widerklage zu ermöglichen. Dies ist aber bei Erhebung der öffentlichen Klage nicht zu erreichen, da die prozessuale Form hierfür fehlt (E. *XXIX. 116*). Trotzdem wird wohl diese Vorschrift aufrechterhalten werden müssen, denn für Privatklagesachen ist eine Bestimmung unentbehrlich, welche die gleichzeitige Verhandlung wechselseitiger Beleidigungen ermöglicht (§§ 428 StPO., 400—402 des Entwurfs zur StPO.). Man kann aber die Gestaltung des Antragsrechts, das nicht ausschließlich prozessualer, sondern

[1]) Dafür eingehend Liepmann S. 350—354, ferner von Liszt S. 336 und andere. Manche Schriftsteller nehmen schon nach jetzigem Recht eine Beleidigungsfähigkeit solcher Gesamtheiten an; vgl. die Nachweisungen bei von Liszt, a. a. O. Anm. 7.

auch materiellrechtlicher Natur ist, nicht von der Entschließung des Staatsanwalts über die Erhebung der öffentlichen Klage abhängig machen. — Dagegen wird es sich empfehlen, den § 263 ausdrücklich auf diejenigen Fälle zu beschränken, in denen die wechselseitigen Beleidigungen in einem tatsächlichen oder ursächlichen Zusammenhange stehen. Ob § 198 einen solchen Zusammenhang fordert, ist in der Literatur streitig[1]). Die Rechtsprechung folgt der verneinenden Ansicht des RG. (E. *II. 87*). Aber nur die Fälle, in denen ein solcher Zusammenhang besteht, eignen sich für eine gemeinsame Verhandlung (vgl. §§ 2, 4, 13 StPO). Für eine Vorschrift, nach welcher jahrelang zurückliegende, vielleicht längst vergessene Kränkungen bei einer solchen Gelegenheit wieder hervorgesucht und zum Gegenstande eines Verfahrens gemacht werden können, fehlt es an jedem gesetzgeberischem Grunde.

VII. Straffolgen.

1. Die Strafen der Beleidigung waren im preußischen StGB. vielfach abgestuft; während einfache Ehrverletzungen als Übertretungen behandelt wurden, konnte bei öffentlicher übler Nachrede oder Verleumdung bis auf eineinhalb Jahre Gefängnis, und wenn die Beleidigung gegen Behörden oder Beamte gerichtet war, bis auf zwei Jahre Gefängnis erkannt werden. Das RStGB. verschärfte diese Strafandrohung wesentlich; schon bei einfacher Beleidigung und übler Nachrede kann bis auf ein Jahr, bei tätlicher Beleidigung und öffentlicher übler Nachrede bis auf zwei, bei Verleumdung bis auf fünf Jahre Gefängnis hinaufgegangen werden. Auch der Höchstbetrag der Geldstrafe bei qualifizierten Beleidigungen wurde gegenüber dem preußischen StGB. von 900 auf 1500 M erhöht. Trotzdem machten sich immer aufs neue Stimmen geltend, die auch diese Strafmaße für nicht ausreichend erachteten. Der Entwurf der Novelle gab diesen Forderungen insoweit nach, als er das Höchstmaß der Geldstrafe für die öffentliche üble Nachrede auf 10000 M festsetzte und gleichzeitig bestimmte, daß auf die Geldstrafe auch neben der Freiheitsstrafe erkannt werden kann. Dagegen wurde eine Erhöhung der Freiheitsstrafen nicht vorgeschlagen. Die Begründung bemerkt (S. 13), daß die Höchstbeträge der angedrohten Freiheitsstrafen ausreichend erscheinen, um selbst schwere Fälle angemessen zu ahnden. Der Entwurf ist dem Reichstage am 23. November 1909 wieder vorgelegt worden. Warum der ungefähr gleichzeitig fertiggestellte *DVE.* es nunmehr für

---

[1]) Vgl. die Übersicht bei Olshausen, S. 781 Anm. 1 Abs. 3.

nötig findet, in besonders schweren Fällen das Höchstmaß bei allen Beleidigungen — abgesehen von der Verleumdung — auf drei Jahre zu steigern, ist aus der Begründung nicht ersichtlich. Ich halte diese und jede andere Erhöhung der Freiheitsstrafe bei Beleidigungen für unnötig[1]). Ungemein selten wird auf die Höchststrafe erkannt und wohl nie ist in der Rechtsprechung ein Fall vorgekommen, wo diese Höchststrafe nicht als ausreichend erschienen wäre. Es wird öfters behauptet (so von Liszt S. 334), die Unausrottbarkeit des Zweikampfs beweise die Unzulänglichkeit der Gesetzgebung in Beleidigungssachen. Wenn dies auf die Strafen zuträfe, so könnte es sich doch höchstens auf die von den Gerichten erkannten Strafen beziehen, die sich bei Beleidigungen unpolitischer Natur allerdings oft mehr als richtig dem Mindestmaß nähern, nicht aber auf die weiten Rahmen des StGB. Ich halte jedoch diesen ganzen Gedankengang für eine Täuschung. Wollte man auch alle Beleidigungen mit schweren Freiheitsstrafen ahnden, nicht ein Zweikampf würde weniger stattfinden. Das Duell besteht in Deutschland fort, weil die herrschende, in der geschichtlichen Entwicklung wurzelnde, im Heere und in studentischen Kreisen gepflegte Sitte diese Art der Austragung von Ehrenhändeln fordert und die Genugtunng durch ein gerichtliches Verfahren ablehnt.

Auch die Erfahrungen anderer Länder rechtfertigen die hier bekämpfte Auffassung nicht. Italien, das die üble Nachrede mit Gefängnis bis zu fünf Jahren bestraft, hat kaum weniger Duelle als Deutschland, während in England, wo das slander in der Regel straflos bleibt, der Zweikampf unbekannt ist. (So mit Recht Kohler S. 14.) — Abgesehen von Italien, haben jetzt wohl alle ausländischen Gesetzgebungen und Entwürfe hier niedrigere Freiheitsstrafen als Deutschland. Der *OVE.* geht bei Beschimpfungen bis zu drei, bei einfacher übler Nachrede bis zu sechs Monaten, bei öffentlichen bis zu einem Jahr Gefängnis, der *SchVE.* bei Beschimpfungen nur bis zu einem, bei übler Nachrede bis zu drei Monaten. Die Steigerung des Höchstsatzes von zwei auf drei Jahre ist daher abzulehnen.

2. Mit Recht will dagegen der *DVE.* die Höchstsätze für die Geldstrafe hier wesentlich steigern. Es ist hier mehrfach vorgeschlagen worden[2]), bei Geldstrafen nicht zwei feste Be-

---

[1]) Übereinstimmend Kohler S. 14, Liepmann S. 371, von Lilienthal S. 450.

[2]) Vgl. aus früherer Zeit meine Ausführung Goltd. Arch. *XXVII. 87 f* und jetzt Liepmann S. 371.

träge, sondern zwei Prozentsätze vom Vermögen oder aber vom Einkommen als Strafgrenzen festzusetzen. Jedoch ist der Begr. (S. 111—114) zuzugeben, daß diesen Vorschlägen gewisse Bedenken entgegenstehen. Um vermögende Beleidiger zu fassen, wird daher nichts übrig bleiben, als den Strafrahmen nach oben angemessen zu erweitern. Der Satz in § 259 (10000 M) ist keinesfalls zu hoch. Ich würde aber eine Steigerung über 3000 M hinaus nicht, wie der *DVE.* will, nur „in besonders schweren Fällen" eintreten lassen. „Besonders schwere Fälle" eignen sich mehr zur Verhängung einer Freiheitsstrafe. Diese Zwischengrenze ist zu beseitigen; innerhalb des ganzen Rahmens von 5 M bis 10000 M muß der Richter die Strafe unter Berücksichtigung der Vermögensverhältnisse des Schuldigen (§ 30 Satz 2) bemessen.

3. Die meisten Gesetzgebungen und auch der *O.* und *SchVE.* bedrohen die üble Nachrede mit höheren Strafen, als die einfache Beleidigung. von Lilienthal, der sonst eine Steigerung der Beleidigungsstrafen mißbilligt, verlangt doch für die üble Nachrede S. 450) ein höheres Strafminimum (ebenso § 327² *OVE.* für den Fall der Öffentlichkeit). Der *DVE.* hat dies, getreu seiner Grundauffassung von der Gleichheit beider Vergehen, abgelehnt und hat wohl daran getan. Jeder Praktiker kann bezeugen, daß bei der üblen Nachrede, genau wie bei der einfachen Beleidigung, zahllose geringfügige Fälle vorkommen, in denen nur eine kleine Geldstrafe am Platze ist. — Ebenso ist es zu billigen, daß der Vorentwurf von einer besonderen Schärfung bei tätlicher Beleidigung und öffentlicher übler Nachrede, wie sie die §§ 185, 186 StGB. enthalten, absieht. Diese Umstände können als Zumessungsgründe innerhalb des ordentlichen Strafrahmens berücksichtigt werden.

4. Die Strafe für die Verleumdung wird insofern geschärft, als auch bei nichtöffentlichen Äußerungen auf Verlust der bürgerlichen Ehrenrechte und neben der Gefängnisstrafe auf Geldstrafe bis zu 10000 M erkannt werden darf; dagegen ist von der Festsetzung eines höheren Mindestmaßes für die Freiheitsstrafe, das § 331¹ *OVE.* und für öffentliche Verleumdungen § 187 Abs. 1 StGB. und § 331² *OVE.* androhen, Abstand genommen. Ersteres ist zu billigen, letzteres nur dann, wenn man überhaupt die kurzen Freiheitsstrafen gutheißt[1]). Es kann in Frage kommen, ob für besonders schwere Fälle eine härtere Strafe vorzusehen ist. Nach

[1]) Ich persönlich halte mit v. Liszt u. a. ganz kurze Freiheitsstrafen ohne die Schärfungen des § 18 Abs. 2 *DVE.* für ein unzweckmäßiges Strafmittel.

Art. 105 Abs. 2 *SchVE.* kann statt des ordentlichen Strafmaßes (Gefängnis bis zu zwei Jahren, § 29) auf Zuchthaus bis zu fünf Jahren erkannt werden, wenn der Verleumder planmäßig darauf ausgegangen ist, den guten Ruf des Verletzten zu untergraben. Die Notwendigkeit einer derartigen Schärfung ist zu bezweifeln. Die bezeichneten Fälle sind in der Rechtsprechung so selten, daß ihretwegen die Aufstellung eines besonderen Strafrahmens kaum nötig erscheint. Kommen sie doch vor, so genügt eine Gefängnisstrafe von fünf Jahren, die bei einer Mehrheit von Äußerungen noch gesteigert werden kann (§ 91), nebst den zugelassenen Nebenstrafen — Aberkennung der bürgerlichen Ehrenrechte und Geldstrafe bis zu 10000 M —. Andererseits ist zu erwägen, ob für mildere Fälle, entsprechend dem § 187 Abs. 2 StGB., anstatt des Gefängnisses eine Geldstrafe zugelassen werden soll. Derartige mildere Fälle sind äußerst selten, aber nicht völlig ausgeschlossen; ein solcher würde z. B. bei Erwiderung auf eine schwere Beleidigung, ferner unter Umständen dann angenommen werden können, wenn ein Angeklagter gegen einen Belastungszeugen einen solchen Vorwurf erhebt. In solchen Fällen kann aber, wie die Begr. S. 715 zutreffend hervorhebt, von dem allgemeinen Strafmilderungsrecht des § 83 Gebrauch gemacht werden, unter Umständen sogar Straflosigkeit eintreten (vgl. Nr. 5).

5. Der Vorentwurf gestattet nämlich (§ 259 Satz 2) bei allen Beleidigungen, in besonders leichten Fällen (§ 83), von Strafe abzusehen. Dieser Vorschlag verdient Billigung. Dadurch wird namentlich auch § 199 StGB., welcher eine Fülle von Streitigkeiten und Zweifeln hervorgerufen hat[1]), für den zuerst Beleidigten entbehrlich. Die jetzige Vorschrift ist auch nach dieser Richtung hin nicht ausreichend, weil auch derjenige gleiche Rücksicht verdient, welcher durch Kränkung einer andern ihm nahestehenden Person zu einer Beleidigung sich hinreißen läßt (Begr. S. 721). Es könnte sich fragen, ob nicht die Straflosigkeit auf solche Fälle zu beschränken ist, in denen der Täter durch das unmittelbar vorangegangene Benehmen des andern zu der Tat veranlaßt worden ist (so § 326 Abs. 2 *OVE.*, Art. 108 Abs. 2 *SchVE.*). Aber auch das erscheint nicht empfehlenswert, denn es ist sehr wohl möglich, daß jemand durch ein früheres, erst nach längerer Zeit zu seiner Kenntnis gelangendes Verhalten entschuldbar zu einer Beleidigung veranlaßt

[1]) Vgl. u. a. Olshausen, S. 783—787; Beling, Die geschichtliche Entwicklung der Retorsion und Kompensation 1894; Steinitz, Die sog Kompensation 1894; meine Abh. GS. *XLI. 192—243.*

wird; es lassen sich auch andere Fälle denken, in denen Straflosigkeit angemessen ist. Die Bestimmung des *DVE.* erscheint daher richtiger. Es ist aber weiter zu prüfen, ob nicht die Vorschrift des § 199 StGB. für den ersten Angreifer aufrechtzuerhalten ist dessen Tat ja nicht dadurch zu einem „besonders leichten Falle“ würde, daß der Angegriffene sie mit einer Beleidigung erwidert. Die Bestimmung beruht insoweit auf der weitverbreiteten Volksanschauung, daß derjenige, dessen Kränkung von dem Verletzten durch Wort oder Tat sofort erwidert wird, damit genügend bestraft ist, seine Strafe, wie man sagt, „weg hat“, und daß deshalb eine gerichtliche Ahndung entbehrlich ist. Aber ich möchte auch hier dem *DVE.* beitreten, welcher den § 199 StGB. gänzlich beseitigt. Die Entgegnung durch ein Wort wird nicht als ausreichende Ahndung einer vorangegagenen Beleidigung anzusehen sein; im übrigen kann die Erwiderung bei der Strafzumessung berücksichtigt werden.

6. Während der *SchVE.* nur im allgemeinen Teil eine Veröffentlichung des Urteils dann vorschreibt, wenn sie „im öffentlichen Interesse oder im Interesse des Verletzten geboten“ ist (Art. 48), und der *OVE.* diese Veröffentlichung nur dann auf Antrag des Verletzten zuläßt, wenn die Beleidigung in einer Druckschrift oder Versammlung erfolgte (§ 334), enthält § 266 *DVE.* hierüber ausführliche und weitgehende Bestimmungen, durch welche § 200 StGB. — unter Weglassung des in das Verfahren verwiesenen dritten Absatzes — an mehreren Punkten zweckmäßig geändert wird.

a) Die Befugnis zur Veröffentlichung soll in allen Fällen, also auch bei nicht öffentlichen Beleidigungen, gewährt werden dürfen, weil die nicht öffentlich geäußerte Beleidigung in weite Kreise dringen kann und weil die Bestrafung durch die Veröffentlichung besonders wirksam wird.

b) Die Bekanntmachung soll nur auf Ansuchen erfolgen. Dies ist eine wesentliche Verbesserung; die vielfach, z. B. bei öffentlichen, nicht unter § 186 StGB. fallenden mündlichen Beleidigungen der Polizeibeamten ausgesprochene Befugnis zur Anheftung an die Gerichtstafel ist ohne allen Wert. Die Beamten oder ihre Vorgesetzten werden in derartigen Fällen von einem entsprechenden Antrage regelmäßig absehen.

c) Der Richter soll, wenn die Beleidigung nicht in einer Zeitung oder Zeitschrift erfolgt ist, nach freiem Ermessen entscheiden, ob die Befugnis zu gewähren ist.

d) Die richterliche Frist für die Bekanntmachung wird in eine gesetzliche (ein Monat) umgewandelt.

e) Bei Beleidigungen in Zeitungen oder Zeitschriften kann die Veröffentlichung auch auf die Gründe ausgedehnt werden.

7. Die Vorschriften über das vielumstrittene Institut der Buße (§ 188 StGB.) konnten wegfallen, weil der *DVE.* in § 57 allgemein den Adhäsionsprozeß aufgenommen hat — trotz der bedauerlichen Beschränkung auf den Betrag von 20000 M und auf den nach bürgerlichem Recht zu ersetzenden Schaden einer der erheblichsten Fortschritte des Entwurfs, gegenüber dem jetzigen Recht [1]).

---

§ 4.

Geheimnisverletzung [2]).

A. Verletzung des Briefgeheimnisses.

I. Mit Recht hat der Vorentwurf die Verletzung des Brief- und Urkundengeheimnisses (§ 299 StGB.) in § 267 nicht mehr, wie das geltende Recht, an die Vorschriften über strafbaren Eigennutz, sondern an diejenigen über die Ehrverletzung angeschlossen. Es handelt sich hier um eine der Beleidigung nahestehende Verletzung der Privatrechtssphäre, für deren Tatbestand weder auf seiten des Täters, noch auf derjenigen des Verletzten eine Beziehung auf das Vermögen erfordert wird.

II. Der Tatbestand wird in Übereinstimmung mit § 400 [3] *OVE.* und Art. 117 *SchVE.* und im Anschluß an § 299 StGB. mit vier Fassungsänderungen gestaltet:

a) An Stelle der „verschlossenen Urkunde" tritt das „verschlossene Schriftstück".

b) Das „Eröffnen" wird durch „Öffnen" ersetzt, weil „Eröffnen" nach jetzigem Sprachgebrauch den Sinn von „Mitteilen" hat.

c) Das Begriffsmerkmal „nicht zu seiner Kenntnisnahme bestimmt" ist, als in dem „unbefugt" enthalten weggelassen.

d) Das Wort „vorsätzlich" ist beseitigt, weil „das Vergehen nur als vorsätzliches denkbar" sei. Diese Begründung geht meines Erachtens fehl. Die Straftat ist auch als fahrlässige denkbar: es erbricht z. B. jemand versehentlich einen in seine Hände gelangten nicht an ihn gerichteten Brief. Es wäre sehr wohl denkbar, solche

---

[1]) Vgl. meine Ausführungen DJZ. *XIV. 295f.*

[2]) Finger, „*Vergl. Darst. Bes. T. VI. 293—415* ist bloß mit dem Namen des Verfassers angeführt.

[3]) Vgl. Begr. zum Entwurf des StPO. S. 208.

Fälle unter Strafe zu stellen. Trotzdem ist die Weglassung gerechtfertigt, weil auch nach dem System des *DVE.* fahrlässig begangene Vergehen nur dann strafbar sind, wenn dies ausdrücklich gesagt ist; das Erfordernis des Vorsatzes ist hier durch das Begriffsmerkmal „unbefugt“ noch besonders außer Zweifel gestellt.

III. Die in der Praxis selten angewendete Vorschrift bezweckt den Schutz des Brief- und Schriftengeheimnisses. „Schriftstück“ im Sinne des § 267 *DVE.* ist jede Gedankenäußerung in Schriftform. Ein solches Schriftstück ist ein Brief, wenn es an eine bestimmte Person (Adressat, Empfänger) gerichtet ist. „Verschlossen“ ist ein Schriftstück, dessen Einsichtnahme bis zur Öffnung seitens des Berechtigten durch eine an dem Schriftstück selbst oder seiner Umhüllung (Kuvert, Briefumschlag) angebrachte Vorrichtung verhindert werden soll. Nach dem Wortlaut der Vorschrift wird nur die Öffnung eines Briefes und andern verschlossenen Schriftstücks bestraft. Befindet sich also in dem unbefugt geöffneten Verschluß kein Schriftstück, sondern ein Bild oder ein anderer Gegenstand oder gar nichts, so ist der Täter nach § 267 sowenig wie nach § 299 StGB. strafbar[1]). Offenbar wird aber, wie (Finger (S. 317) mit Recht hervorhebt, die Brauchbarkeit der Vorschrift beeinträchtigt. Denn häufig ist erst nach Lösung des Verschlusses ersichtlich, was darin ist. Öffnet also jemand aus Neugier eine Hülle, in der Meinung, daß sie nur ein Bild enthält, so wäre er straflos, wenn sich auch nachher herausstellte, daß sich auf dem Bilde eine briefliche Mitteilung befindet[2]). Zur Beseitigung derartiger Zweifel wäre es wohl richtiger, mit Finger den Schutz des Briefgeheimnisses in einen solchen des Verschlußgeheimnisses umzuwandeln und das unbefugte Öffnen von Verschlüssen, Siegeln, Briefen, Paketen unter Strafe zu stellen[3]).

---

[1]) So namentlich Gerhard, Der strafrechtliche Schutz des Briefes 1905 S. 11; Friedländer, Z. f. StW. *XVI. 777ff.*; Binding, Lehrb. *I. 129*: „Das Schriftstück kann nicht in der Adresse allein bestehen. Ein Brief mit Mustern ohne Wert hat an dem Schutz des § 299 keinen Anteil.“ Auch Kohler, Recht an Briefen 1893 S. 12, versteht unter Briefen nur vertrauliche schriftliche Kundgebungen. Anderer Meinung, de lege lata ohne ausreichenden Grund; Finger S. 317; Seréxhe, Die Verletzung fremder Geheimnisse 1906 S. 43, 64: „Um den Kern zu schützen, bedroht der Gesetzgeber schon die Verletzung der Schale mit Strafe.“ — Der weitere Begriff in § 1[1] Reichspostges. (Galli in Stenglein, Nebenges. 4. A. S. 79 Anm. 3 und die dort angeführten Urteile) kommt hier nicht in Frage.

[2]) Falls nicht, was meist der Fall ist, der Verschluß beschädigt und damit § 303 StGB. (§ 289 *DVE.*) anwendbar wird.

[3]) So Solothurn § 192[5]; vgl. Finger S. 329.

Zuzugeben ist der Begr. (S. 727), daß der Verschluß von Paketen öfter nur dem Schutz der verpackten Sache, nicht dem eines Geheimnisses dient; aber die Fälle sind nicht selten, in denen Absender wie Empfänger ein Interesse an der Geheimhaltung des Paketinhalts haben. Allerdings sind derartige Zweifel in der Rechtsprechung bisher noch nicht aufgetaucht.

IV. Die meisten Schwierigkeiten bereitet das Begriffsmerkmal „unbefugt". Unzweifelhaft wird eine Befugnis nicht bloß durch Erlaubnis des Adressaten und durch ausdrückliche gesetzliche Ermächtigungen (vgl. z. B. § 110 StPO., § 121 KonkOrdn.) begründet. Sie kann auch aus bestimmten Rechtsverhältnissen, z. B. dem Erziehungsrecht folgen, während eine allgemeine Befugnis des Ehemanns zur Öffnung der an seine Frau gerichteten Briefe nicht besteht[1]). Einige Schriftsteller gehen weiter und lassen nicht nur eine Geschäftsbesorgung ohne Auftrag, sondern jedes im sozialen Leben anerkannte Interesse die Befugnis zur Öffnung begründen[2]). Eine Lösung dieser Schwierigkeiten kann im Rahmen einer Strafvorschrift kaum erfolgen.

V. Zweifelhafter erscheint, ob sich nicht eine nähere Bestimmung des Antragsrechts empfiehlt. Nach der am meisten verbreiteten Meinung steht diese Berechtigung zunächst dem Absender, nach der Bestellung aber dem Adressaten zu, während andere Schriftsteller beide Personen für befugt halten. Meines Erachtens ist die erste Meinung die richtigere. Einer Regelung im Gesetz steht aber die Schwierigkeit entgegen, bei den verschiedenen Beförderungsarten den Zeitpunkt für den Übergang dieses Rechts vom Absender auf den Empfänger sachgemäß zu bestimmen.

VI. Weitere Strafdrohungen gegen das Eindringen in fremde Geheimsphären sind nicht wünschenswert[3]). Dagegen wird zu prüfen sein, ob nicht auch, wie der *OVE.* dies in § 400[1] tut, die

---

[1]) Vgl. die Nachweisungen bei Olshausen S. 1235 A. 5 Abs. 4; die Alleinherrschaft des Mannes in der Ehe, aus welcher Kohler S. 56ff. ein unbeschränktes Brieföffnungsrecht des Mannes behauptet, ein gleiches Recht der Frau aber S. 59 als „Recht der Empörung gegen das Haupt der Familie" ablehnt, besteht jedenfalls nach dem BGB. nicht mehr.

[2]) So Mittermaier, Z. f. StW. *XXI. 221*; Graf Dohna, Rechtswidrigkeit (1905) S. 114.

[3]) So auch Finger S. 342, der aber zu erwägen gibt, ob nicht das Eindringen in fremde, durch Raumverschluß geschützte Geheimsphären mittels Anwendung phonographischer oder photographischer Apparate bestraft werden soll. Ein Bedürfnis hierfür scheint mir jedoch nicht vorzuliegen.

Unterdrückung von Briefen zu bestrafen ist. Diese Frage wird jedoch besser im Anschluß an § 287 *DVE.* zu regeln sein.

VII. Während die Erhöhung der Geldstrafe auf 1000 M sich mit Rücksicht auf vermögendere Täter rechtfertigt, liegt kein Grund vor, den Höchstsatz der Freiheitsstrafe, wie der *DVE.* dies tut, von drei auf sechs Monate zu steigern. Eine Gefängnisstrafe von drei Monaten, die bisher wohl kaum je erkannt worden ist, erscheint ausreichend, selbst wenn ein beträchtlicher Schade angerichtet ist. Die wenigen in der Praxis vorgekommenen Fälle sind meist geringfügiger Art[1]).

B. Geheimnisbruch.

I. Der § 268 *DVE.*, welcher aus demselben Grunde wie § 267 der Ehrverletzung angereiht wird, ist kürzer im Ausdruck und umfassender an Inhalt als § 300 StGB. Während dieser „Rechtsanwälte, Advokaten, Notare, Verteidiger in Strafsachen, Ärzte, Wundärzte, Hebammen, Apotheker, sowie die Gehilfen dieser Personen“ als Subjekte des Vergehens bezeichnet, nennt § 268 „Personen, die zur Ausübung der Heilkunde, Geburtshilfe, Krankenpflege, des Apothekergewerbes oder zur Beratung oder Vertretung in Rechtsangelegenheiten oder zur Beurkundung von Rechtsgeschäften öffentlich bestellt oder zugelassen sind, sowie die Gehilfen dieser Personen“.

Was § 268 mit „öffentlicher Bestellung“ meint, ist klar. Unter „öffentlicher Zulassung“ soll nach der Begr. (S. 728 f.) nicht ein bloß passives Verhalten der Staatsgewalt, sondern ein staatlicher Akt der Anerkennung für den betreffenden Beruf verstanden sein. Es würde sich empfehlen, dies im Gesetz selbst klarzustellen, da der Ausdruck „Zulassung zum Gewerbebetriebe“ sich für das bloß passive Verhalten der Staatsgewalt (§ 1 RGO.) in Wissenschaft und Rechtsprechung eingebürgert hat.

II. Durch die Fassung „Personen, die zur Ausübung der Heilkunde, Krankenpflege öffentlich bestellt oder zugelassen sind“, soll nach der Begr. der Kreis der Schweigepflichtigen auf alle Angestellten, Unternehmer und Unternehmergehilfen von privaten, sowie die Angestellten und Vorstände von öffentlichen Heilanstalten (die Begr. spricht auch bei diesen, wohl versehentlich, von Unternehmern und Unternehmergehilfen) ausgedehnt werden. Auch hier hätte die Fassung meines Erachtens klarer sein können. Man kann wohl von dem gemäß § 30 Abs. 1 RGO. konzessionierten

---

[1]) Vgl. Begründung zum Entwurf der StPO. S. 208.

Unternehmer einer Privatkrankenanstalt sagen, daß er „zur Ausübung der Krankenpflege öffentlich zugelassen“ ist, nicht aber von dem Verwaltungsdirektor der Charité, daß er zu dieser Tätigkeit öffentlich bestellt sei. — Durch die Fassung des § 268 sind ferner mit Recht Zahnärzte, was bisher zweifelhaft war, sowie über § 300 StGB. hinaus geprüfte und zugelassene Krankenschwestern und Heildiener (Bader) der Schweigepflicht unterworfen.

III. Zu den Personen, welche zur Beratung und Vertretung in Rechtssachen öffentlich zugelassen sind, gehören, wie die Begr. mit Recht hervorhebt, neben den in § 300 genannten Rechtsanwälten insbesondere auch Patentanwälte (Reichsges. vom 21. Mai 1900) und „Prozeßagenten“ (§ 157 Abs. 4 ZPO.; für Preußen JME. vom 25. September 1899, JMBl. S. 272). Dagegen werden von dem Wortlaut kaum umfaßt die vom Gericht zur Verteidigung eines anwesenden Angeklagten bestellten oder zugelassenen Personen, welche nicht Rechtsanwälte sind. Deshalb empfiehlt es sich, „Verteidiger in Strafsachen“ ausdrücklich aufzuführen.

IV. Die letzte Gruppe „Personen, die zur Beurkundung von Rechtsgeschäften öffentlich bestellt oder zugelassen sind“, begreift außer den in § 300 allein genannten Notaren namentlich die Richter, sofern sie, wie in Grundbuchsachen und in der freiwilligen Gerichtsbarkeit, Rechtsgeschäfte zu beurkunden haben, ferner Standesbeamte und Schiedsmänner.

V. Mehrfach ist vorgeschlagen, noch weitere Personengruppen in die Schweigepflicht einzubeziehen.

1. Studierende der Medizin[1]). Dies empfiehlt sich; jedoch ist eine weitere Fassung wünschenswert, welche alle bei klinischen Demonstrationen zugelassenen Personen begreift.

2. Kahl (Z. f. StW. *XXIX. 353*) regt an, die Schweigepflicht auch auf nichtapprobierte Krankenbehandler auszudehnen. „Warum soll es Naturärzten und Kurpfuschern gestattet sein, Anvertrautes straflos auszuplaudern?“ Wollte man diesem Gedanken nachgehen, so müßten neben den Rechtsanwälten die Winkelkonsulenten, neben den Apothekern die mit Arzneimitteln handelnden Drogisten hier zum Schweigen verpflichtet werden. Der Vorschlag ist aber abzulehnen. Der Staat schützt hier das Berufsgeheimnis, weil es im öffentlichen Interesse liegt, daß Kranke sich an einen Arzt und dann an einen Apotheker, daß eines Rechtsbeistandes Bedürftige sich an einen Rechtsanwalt wenden, und weil dies nur dann mit

[1]) Lohsing im Archiv für Kriminalanthropologie *XV. 145*; Finger S. 356 Anm. 1; Placzek, Das Berufsgeheimnis des Arztes 3. A. 1909 S. 14.

vollem Vertrauen geschehen wird, wenn die Nachsuchenden des Schweigens der Angegangenen sicher sind. Daß Kurpfuscher und Winkelkonsulenten angegangen werden, liegt nicht im öffentlichen Interesse.

3. Ferner wurde vorgeschlagen, auch Beamte und Organe der Landesversicherungsanstalten[1]), Krankenkassen, Armendirektionen und ähnlicher Behörden und Anstalten aufzuführen. Die Begr. bemerkt hiergegen, die Regelung dieser Frage würde, wenn hierfür ein Bedürfnis anzuerkennen sei, zweckmäßig in einem Sondergesetz, etwa der Reichsversicherungsordnung, erfolgen. Denn nur bei einer solchen Regelung könne die notwendige Berücksichtigung der eigentümlichen Verhältnisse der Arbeiterversicherung erfolgen; im Rahmen des allgemeinen StGB. sei dies unmöglich. — Dieser Ausführung ist meines Erachtens nicht beizutreten. Die besonderen Verhältnisse der Arbeiterversicherung kommen für die Regelung der Schweigepflicht nicht in Betracht[2]). Dies ergeben auch die beinahe gleichlautenden Vorschriften der Unfallversicherungsgesetze von 1900, in denen die unbefugte Offenbarung von Betriebsgeheimnissen geregelt wird (vgl. Finger S. 356f. und die folgende Nr. VI).

VI. Abgesehen von dem StGB. wird die unbefugte Offenbarung von Geheimnissen noch in §§ 17 und 20 des Reichsgesetzes gegen den unlauteren Wettbewerb vom 7. Juni 1909 und in verschiedenen Reichs- und Landesgesetzen unter Strafe gestellt[3]). Diese Zersplitterung wäre vermieden worden, wenn man bei Erlaß des RStGB. die Materie umfassend geregelt, etwa den § 155 PrStGB.[4]) mit angemessenen Einschränkungen (besonders

---

[1]) Bezüglich der Betriebsgeheimnisse besteht bereits eine solche Vorschrift.

[2]) § 154 des Entwurfs der Reichsversicherungsordnung bedroht denjenigen, der unbefugt offenbart, was ihm in amtlicher Eigenschaft als ... über Krankheiten oder andere Gebrechen Versicherter oder ihre Ursachen bekannt geworden ist," mit Strafe. Das könnte ebensogut im StGB. vorgeschrieben werden. (§ 155 enthält Bestimmungen über Offenbarung von Geschäfts- und Betriebsgeheimnissen.)

[3]) Der Übersicht bei Finger S. 365f. ist § 186 des Invalidenversicherungsgesetzes vom 13./19. Juni 1899 hinzuzufügen. Die §§ 12 und 14 des Weingesetzes von 1901 sind durch die §§ 24 und 27 des Gesetzes vom 7. April 1909, der § 69 des preußischen Einkommensteuergesetzes von 1891 ist durch § 75 des Gesetzes vom 19. Juni 1906 ersetzt.

[4]) „Medizinalpersonen und deren Gehilfen, sowie alle Personen, welche unbefugterweise Privatgeheimnisse offenbaren, die

22*

in bezug auf die Dauer der Schweigepflicht) übernommen hätte. Zum mindesten empfiehlt es sich jetzt, wenn auch die Vorschriften des Gesetzes gegen den unlauteren Wettbewerb aufrecht erhalten werden, unter Beseitigung der übrigen Sonderbestimmungen nach dem Vorschlage Fingers (S. 351) die Schweigepflicht jedem aufzuerlegen, dem aus öffentlichem Interesse ein Einblick in eine fremde Geheimsphäre gewährt wird. Die Begr. (S. 729) wendet gegen eine solche Vorschrift ein, die Gesetzgebung sei, soweit nicht schon Strafvorschriften beständen oder bei Beamten die Disziplinargesetze Schutz gewährten, in der Lage, sobald sich auf einem Sondergebiet ein Bedürfnis dafür geltend mache, durch Vorschriften einzugreifen, die sich den Besonderheiten der dann vorliegenden Einzelfälle besser anpassen könnten. Aber eine solche Gesetzgebung mit immer neueren Strafvorsehriften ist meines Erachtens nicht zu billigen, die Aufstellung eines einheitlichen Prinzips vorzuziehen. Für die Befürchtung der Begr., eine derartige allgemeine Bestimmung würde unberechenbare Wirkungen haben und verkehrshemmend wirken, fehlt es an jedem Anhalt. Die entsprechenden Vorschriften des PrStGB. und anderer Partikulargesetzgebungen (vgl. Finger S. 347ff.) haben unangefochten bestanden und auch der Art. 378 des französischen code pénal, der außer bestimmten medizinisch tätigen Personen noch „toutes autres personnes dépositaires, par état on profession, des secrets, qu'ou leur confie“ nennt, hat insoweit zu Bedenken keine Veranlassung gegeben. Ähnlich sagt der *OVE.* (§ 403[1]): „Wer nach den für seine Berufstätigkeit geltenden Vorschriften, insbesondere als Advokat ... zur Wahrung des Geheimnisses verpflichtet ...“, während Art. 192 des *SchVE.* die Frage nach Art des § 300 StGB. regelt[2]).

VII. § 268 ersetzt in zweckmäßiger Kürzung die Worte „kraft ihres Amtes, Standes oder Gewerbes“ durch „kraft ihres Berufs“. Wenn weiter hinter „anvertraut“ die Worte „oder zugänglich geworden“ eingeschoben sind, so ist dies nur ein deut-

---

ihnen kraft ihres Amtes, Standes oder Gewerbes anvertraut sind, werden ... bestraft.“

[1]) Vgl. das eingehende Referat von Olshausen auf dem 19. Juristentage zu Stettin (1888) und die darauffolgende Erörterung. Verhandlungen *III. 239 ff.*

[2]) Dieser *VE.* führt hier auch „Geistliche“ auf. Eine solche Erweiterung ist entbehrlich. An der Aufrechterhaltung des Beichtgeheimnisses hat in erster Reihe die Kirche Interesse; sie schützt dieses Interesse wirksam und ausreichend.

licherer Ausdruck für den Gedanken des schon bisher in diesem Sinne ausgelegten geltenden Rechts. Dagegen möchte ich die Übernahme der Fassung „kraft ihres . . .“ aus § 300 StGB. nicht billigen. Allerdings stimmen damit die beiden andern Vorentwürfe überein (*OVE.*: „in seiner Berufseigenschaft“, *SchVE.*: „zufolge seines Berufes“). Aber die eingehenden Ausführungen von Finger (S. 359 bis 362) ergeben, zu welchen Zweifeln und schwierigen Unterscheidungen namentlich in bezug auf die Stellung der Ärzte diese Einschränkung führen muß. Finger hält z. B. eine Schweigepflicht dann nicht für gegeben, wenn der Patient bei Gelegenheit einer Konsultation von seinen finanziellen Sorgen berichtet, — wenn der Arzt bei Untersuchung einer Frau in deren Boudoir Toilettengeheimnisse wahrnimmt. Mit Recht wendet sich Placzek S. 17f. der Anm. 10 angeführten Schrift gegen eine derartige Auffassung, die den Anschauungen des Publikums zuwiderläuft und die Vertrauensstellung des Arztes zu untergraben geeignet ist. Da die Ansicht Fingers aber in dem jetzigen Wortlaut eine Stütze findet, wird die Schweigepflicht der genannten Personen auf alle Geheimnisse auszudehnen sein, welche ihnen bei Ausübung ihres Berufes bekannt geworden sind.

VIII. Die Hauptschwierigkeit liegt auch hier wie bei § 299 StGB. in dem Worte „unbefugt“; am meisten hat sich die Literatur und Rechtsprechung mit der hochwichtigen Frage befaßt, wann der Arzt zur Offenbarung von Privatgeheimnissen berechtigt ist[1]).

1. Die strengste Meinung[2]) betrachtet jede Mitteilung als unbefugt, die nicht ausdrücklich von dem Anvertrauenden oder dem Patienten gestattet wird, mag auch der Arzt durch Gesetz zu der Angabe verpflichtet sein.

2. Andere Schriftsteller[3]) halten die Offenbarung dann, aber auch nur dann für zulässig, wenn sie entweder von dem Berechtigten gestattet oder durch ausdrückliche gesetzliche Vorschrift geboten (z. B. § 139 StGB., § 18 des Personenstandsgesetzes und die Vorschriften der Seuchengesetze) oder zugelassen ist. Verschiedene

---

[1]) Vgl. hierüber die umfassende, mit reichen Literaturangaben versehene Schrift von Placzek (oben S. 338 A. 1); besonders wertvoll ist die Anführung und Beurteilung einer Reihe von Fällen aus der ärztlichen Praxis (S. 100ff.).

[2]) Bendix, Goltd. Arch. *LII. 1ff.*, bes. S. 9.

[3]) Finger S. 364ff.; Günther, Verschwiegenheitspflicht des Arztes 1894 S. 31; Aschaffenburg, Berufsgeheimnis, Sonderabdr. aus der Ärztl. SachvZtg. 1901 Nr. 23 S. 4ff.; Hippe, Goltd. Arch. *XLVI. 293ff.*; Kohler, Monatsschr. f. Krim.-Psychol. 1909 S. 593ff.; Pallaske, DJZ. 11 S. 293ff.

Mitglieder dieser Gruppe lassen jedoch weitere Ausnahmen zu, z. B. Kohler (S. 595) für den Fall unmittelbarer Gefahr. Deshalb soll z. B. dem Arzte, der eine Amme an Syphilis behandelt, das Offenbarungsrecht zustehen. Finger (S. 368 Anm. 1) will hier eine Notwehr auf seiten des Arztes annehmen, wobei meines Erachtens die Bedeutung des Wortes „Angriff" in § 53 StGB. (ebenso § 66 *DVE.*) verkannt wird. Eher könnte ein Notstand in Sachen des § 67 *DVE.* angenommen werden.

3. Die überwiegende Meinung[1]) erachtet auch diejenige Mitteilung als befugt, welche der Arzt im Falle einer Pflichtenkollision zur Förderung eines höheren Interesses auf Grund von Erwägungen macht, die seiner Berufspflicht Rechnung tragen. Diese Auffassung vertritt das RG. in dem vielbesprochenen Urteil vom 16. Mai 1905 (E. *XXXVIII. 62*). Ein Arzt warnte eine Mutter davor, das von ihm geimpfte Kind mit ihrer Schwester in einem Bett schlafen zu lassen, welche er an Syphilis behandelte. Die Strafkammer hatte den Arzt aus § 300 bestraft. Das RG. hob auf und verwies die Sache in die Vorinstanz zurück. Es hätte geprüft werden müssen, ob eine derartige Warnung nicht zur gewissenhaften Erfüllung der Berufspflichten des Arztes gehörte; war dies der Fall, so sei bei Unterlassung der Warnung die Möglichkeit einer Bestrafung des Angeklagten aus § 230 Abs. 2 StGB. gegeben gewesen. Eventuell müsse festgestellt werden, ob Angeklagter sich nicht subjektiv zu einer solchen Warnung für befugt erachtet habe.

Die Entscheidung ist vielfach gebilligt, aber auch öfters, so in dem S. 341 Anm. 3 erwähnten Artikel von Pallaske, angegriffen worden. Finger (S. 364 Anm. 1) erklärt sie für „sehr bedauerlich". Die Frage kam im preußischen Herrenhause zur Sprache. Den von dem Grafen Hutten-Czapski geäußerten Bedenken gegen das Urteil schloß sich der Ministerialdirektor Dr. Foerster im großen und ganzen an. Er führte aus, das RG. werde bei gegebener Gelegenheit seine Auffassung einer Nachprüfung und Korrektur zu unterziehen haben. Andernfalls müssen gesetzgeberische

---

[1]) So unter anderen Groß, Archiv für Kriminalanthropologie *XIII. 246*; Liebmann, Pflicht des Arztes zur Bewahrung anvertrauter Geheimnisse 1890 S. 39ff.; Mittermaier, Z. f. StW. *XXI. 221ff.*; Kahl, ebenda *XXIX. 360f.*; Graf Dohna, Rechtswidrigkeit S. 112ff.; Hausberg (San. Rat in Dortmund) Monatsschr. für krim. Psychologie *III. 706ff.*; Jaeger, DJZ. *XI. 800ff.*; von Liszt S. 402f.; Olshausen S. 1240; Frank, Komm. 5.—7. Aufl. S. 500f.; mit zivilistischer Begründung Jellinek, Monatsschr. f. krim. Psych. *III. 683ff.* (S. 688: Schweigepflicht falle weg, wenn das Schweigbegehren den guten Sitten zuwiderlaufen würde).

Maßnahmen in Erwägung gezogen werden, durch welche sowohl den Bedürfnissen der Allgemeinheit, als der Vertrauensstellung zwischen Arzt und Patient Rechnung getragen werde.

Eine anderweite Entscheidung des RG. ist bisher nicht veröffentlicht worden. Trotzdem hat der *DVE.* der Anregung des damaligen preußischen Regierungskommissars keine Folge gegeben, sondern es bei den bestehenden Vorschriften belassen. Die Begr. (S. 730) führt, ohne näher auf den Streitpunkt einzugehen, und ohne die Entscheidung des RG. zu erwähnen, aus, daß der Arzt die Schweigepflicht wohl im Staatsinteresse, etwa zur Verhütung einer Verbreitung ansteckender Krankheiten, nicht aber, falls nicht etwa die Voraussetzungen der Notwehr oder des Notstandes vorlägen, im Interesse eines einzelnen zustehen, selbst wenn dieses Interesse gegenüber demjenigen des Anvertrauenden überwiegen sollte.

Die Frage bedarf aber im allgemeinen Interesse wie in demjenigen des Ärztestandes dringend einer ausdrücklichen gesetzlichen Lösung.

Die brandenburgische Ärztekammer schlägt vor, unter Weglassung des „unbefugt" die Offenbarung dann zu gestatten, wenn sie mit Genehmigung der anvertrauenden Person oder in Wahrnehmung berechtigter Interessen erfolgt (ähnlich § 403 Nr. 4 Abs. 2 *OVE.*). Mit Recht bezeichnet Hausberg (a. a. O. S. 708) dies als zu weitgehend. Jede Lebensversicherungsgesellschaft hat ein berechtigtes Interesse daran, über den Gesundheitszustand ihrer Antragsteller, jeder Vorstand eines kaufmännischen oder gewerblichen Unternehmens über die Krankheiten ihrer Angestellten, jede Dienstherrschaft über die etwaige Schwangerschaft ihres Dienstmädchens Näheres zu erfahren; trotzdem muß die Offenbarung in solchen Fällen als unbefugt erachtet werden. — Die westfälische Kammer wünscht dagegen, das „unbefugt" beizubehalten und hinzuzusetzen: „Die Offenbarung ist straflos, wenn sie zur Abwendung von Gefahr für Gesundheit und Leben des Anvertrauenden oder eines Dritten durch einen approbierten Arzt erfolgt." Streicht man die Worte „durch einen approbierten Arzt", so erscheint die Fassung sachgemäß. Das Interesse an der Wahrung des ärztlichen Geheimnisses muß hier dem besondern Interesse des Schutzes von Leben und Gesundheit weichen. Der § 67 *DVE.* genügt hier nicht, weil es sich nicht um gegenwärtige Gefahren zu handeln braucht. Das „unbefugt" muß stehen bleiben, weil abgesehen von solcher Gefahr noch andere Fälle denkbar sind, in denen die Offenbarung zulässig oder geboten ist[1]).

[1]) Außer der Einwilligung des Anvertrauenden, z. B. die von Kohler

IX. Bei diesem Vergehen, wo recht schwere Fälle vorkommen können, empfiehlt sich die in § 268 vorgenommene Steigerung der Höchstsätze. Auch der *OVE.* hat für die nichtqualifizierten Fälle ein Maximum von sechs Monaten Gefängnis oder 2000 M, während auf eine Gefängnisstrafe von zwei Wochen bis zu zwei Jahren erkannt werden soll, wenn der Täter aus grobem Eigennutz oder um jemandem einen sehr schweren Nachteil zuzufügen gehandelt hat. Der *SchVE.* droht hier allgemein Buße (bis 5000 Fr) oder Gefängnis (bis zu zwei Jahren) an; beide Strafen können verbunden werden.

---

a. a. O. S. 595 aufgeführten Fälle (Ehrennotwehr des Arztes, Einklagung von Honorar). — Vom Gesichtspunkte des überwiegenden Interesses aus muß auch die Frage beantwortet werden, wann der Arzt als Zeuge Geheimnisse offenbaren darf. Das wird — abgesehen von dem Falle, wo das Gericht den Arzt zur Aussage nötigt (Wex, DJZ. *X. 309f.*) — im Gegensatz zu der herrschenden Auffassung (vgl. die Übersicht der Meinungen bei Olshausen S. 1240 Anm. 9) nur dann zu bejahen sein, wenn die Aussage zur Rettung eines Unschuldigen von drohender Verurteilung dienen kann, nicht aber dann, wenn es sich lediglich um Untersuchung eines Verbrechers, um Lösung einer Ehe (Beschl. des VI. ZivSen. des RG. vom 19. Jan. 1903, EZS. *LIII. 315ff.* bes. *317*) oder gar nur um vermögensrechtliche Interessen handelt.

Druck von C. Schulze & Co., G. m. b. H., Gräfenhainichen.

FSC
www.fsc.org
MIX
Papier | Fördert gute Waldnutzung
FSC® C083411

Kolibri 360 GmbH
Ferdinand-Jühlke-Straße 7
99095 Erfurt, Deutschland
produktsicherheit@kolibri360.de